Adolf Ringer

Der Rottweiler

Verlagsgesellschaft Rudolf Müller
Köln-Braunsfeld

Die Kapitel »Ernährung«
und »Gesundheit« wurden von
Dr. med. vet. Peter Brehm verfaßt.

CIP-Kurztitelaufnahme der Deutschen Bibliothek

Adolf Ringer

Der Rottweiler
13.– 17. Tausend
(Die Kap. »Ernährung« und »Gesundheit« wurden von Peter Brehm verfaßt.)
Köln-Braunsfeld: R. Müller 1984
(dein hund)

ISBN 3-481-26691-X

1. – 7. Tausend 1981
8. – 12. Tausend 1983
13. – 17. Tausend 1984

ISBN 3-481-26691-X

Verlagsredaktion: Ingeborg Roggenbuck
Umschlaggestaltung: Hans-Dieter Kluth, Erftstadt
Druck: Druckhaus Rudolf Müller, Köln
Printed in Germany

Vorwort

In den letzten Jahren konnte ein deutlicher Trend in der Hundehaltung festgestellt werden. Einerseits zu »großstadtgeeigneten« kleinen Hunderassen, andererseits aber auch zu Rassen, die den Schutzhunden zuzuzählen sind.

Unter den Schutzhundrassen nimmt der Rottweiler einen ganz besonderen Platz ein. Wesensfest, mutig, unerschütterlich und robust wie er ist, ist er jederzeit bereit, sich für seine Familie einzusetzen.

Der Autor ist als Leiter der Militär-Diensthundeschule des Österreichischen Bundesheeres dieser Rasse besonders verbunden. Hunderte Rottweiler wurden in der Militär-Diensthunde-Staffel gezüchtet, aufgezogen und zu Diensthunden ausgebildet. Diese Rottweiler machten aber nicht nur durch ihre großartigen Leistungen von sich reden, sondern errangen auch im Ausstellungsring höchste Auszeichnungen. Adolf Ringer war früher selbst erfolgreicher Hundesportler und gibt nunmehr seinen reichen Erfahrungsschatz in den Ausbildungskursen weiter. Er ist Leistungs- und Formwertrichter für viele Rassen. Auf den meisten großen Ausstellungen Europas hat er schon gerichtet. Als Vorstandsmitglied des Österreichischen Kynologen Verbandes ist er für die Belange der Schutz- und Gebrauchshunde mitverantwortlich.

Dieses Buch wurde von einem Praktiker geschrieben, der voll im kynologischen Geschehen steht. Möge es viele Hundefreunde zu Rottweilerfreunden machen.

Karl P. Reisinger
Vorstandsmitglied des ÖKV
und Rottweiler-Besitzer

Inhalt

Wir möchten einen Hund

Wir haben Platz. Die Umwelt — wie Hausverwaltung, Gemeinde, Nachbarn — hat auch nichts dagegen. Wir wollen uns Zeit für ihn nehmen, wir wissen, daß ein Hund viel Geld kostet, aber auch viel Freude bringt. Der Gedanke, einen Hund anzuschaffen, taucht eines Tages in uns plötzlich auf, wird bohrender, nimmt konkrete Formen an. Die Vorstellung von Wesen, dem Aussehen und den Eigenschaften wird immer deutlicher. Wir wünschen uns einen kräftigen, mittelgroßen Hund. Pflegeleicht, man denkt an die Möbel und Teppiche, soll er auch sein, aber trotzdem wetterfest, wir wollen ja bei jedem Wetter mit ihm hinausgehen. Es wäre auch von Vorteil, wenn er nicht nur ein idealer Begleiter wäre, sondern auch ein

Hier ist mein Revier.

Hund, auf den man sich verlassen kann, wenn Frau und Kinder mit ihm allein spazierengehen, also ein Schutzhund. Es wäre auch schön, mit ihm Prüfungserfolge erringen zu können. Ein Pokal würde sich daheim in der Vitrine recht gut machen. Doch was sind das für Höhenflüge! Es scheint besser, erst einmal auf den Boden der rauhen Wirklichkeit zurückzukehren. Beschäftigen wir uns mit einem näherliegenden Ziel: Ein Hund zum Liebhaben, zum Schmusen und einer, der auch Nachbars Kinder toleriert. Dieser sehr konkreten Vorstellung eines Hundes wird eigentlich am ehesten der Rottweiler gerecht.

Der Rottweiler – eine traditionsreiche Hunderasse aus Deutschland

Entstehung und Verbreitung

Als Urahn unserer heutigen Haushunde (Canis familiaris) wird der Wolf (Canis lupus) mit seinen zahlreichen Unterarten angesehen. Bei allen anderen hundeartigen Raubtieren (Caniden) einschließlich der Schakale und Füchse wird von den Fachleuten heute eher ausgeschlossen, daß sie auch als mögliche Urahnen des Canis familiaris in Frage kommen. Die Domestikation des Haushundes wurde vor ungefähr zehntausend Jahren eingeleitet. Eine Rückzüchtung auf den Wolf hätte heute für die meisten Hunderassen wegen ihres Wesens, des Umweltverhaltens und der Domestikation verheerende Folgen.

Rottweiler um die Jahrhundertwende – auch als Arbeitstier eingesetzt.

Die Urahnen unserer Rottweiler sind in der damaligen römischen Provinz Germania als Kampf-, Herden- und Treibhunde zu finden. Die molossoidartigen Hunde – das Wort kommt von den Molossern, ein griechisches Volk, das in Epirus lebte und wegen seiner Jagdhunde berühmt war – zogen mit den römischen Legionen über die Alpen, trieben das Vieh und beschützten die Menschen. Auch heute noch kennt man den Verlauf der alten römischen Heeresstraßen. Eine führte von den Schweizer Alpen nach Nordosten in die Richtung des Bodensees. Eine andere Straße führte in den westlichen Raum, eine weitere in das Gebiet der heutigen Stadt Rottweil.

Im Frühjahr 74 n. Chr. kam die 11. römische Legion des Kaisers Claudius, die wegen ihrer Treue zu ihm den Namen »Claudia pia fidelis« erhalten hatte, in das Gebiet des heutigen Rottweil. Nachdem die Römer es vollkommen besetzt hatten, gingen sie daran, Straßen anzulegen und ein großes Standlager zu errichten. Dieses Lager nannten sie zu Ehren des Flavierkaisers Vespasian »Arae Flaviae«, dies war der erste Name der späteren Reichsstadt Rottweil.

Die römischen Urahnen unserer Rottweiler wurden im Laufe der Jahrhunderte mit zugewanderten und bodenständigen Hirtenhunden, wahrscheinlich auch mit kräftigen Bullenbeißern verschiedener Schläge gepaart. Diese »Urrottweiler« wurden nur auf Intelligenz, Lebenstüchtigkeit, Ausdauer, Mut und Treibeigenschaften gezüchtet und wurden im Laufe der Jahrhunderte ein unentbehrlicher Helfer der Viehhändler und Metzger. Die wichtigste Aufgabe dieser Hunde bestand darin, ihren Herrn zu schützen und zu verteidigen sowie Viehherden zu treiben und zu hüten. Nach dem Ort ihrer häufigsten Verbreitung, der damaligen Reichsstadt Rottweil, erhielten sie im Mittelalter den Namen »Rottweiler Metzgerhund«. Gerade die Metzger und Viehhändler in und um Rottweil züchteten diesen Hundeschlag nur auf Leistung und Verwendungszweck. Um die gewaltigen Viehherden zu treiben, brauchte man einen ruhigen, kräftigen, ausdauernden Hund. Sie schufen im Laufe der Zeit einen hervorragenden Kampf-, Hüte und Treibhund, der auch ohne weiteres als guter Zughund in den verschiedensten Vorrichtungen Verwendung fand. Der Rottweiler wurde durch seine Leistungen und seinen besonderen Charakter immer bekannter und fand bald eine große Anhängerschar. Aber wie so oft, haben auch in diesem Fall wirtschaftliche Umstürze den

Hund seiner Aufgaben entledigt. Die Viehherden wurden immer mehr mit der neu aufkommenden Eisenbahn transportiert, das Treiben von Vieh mit Hetzhunden gesetzlich verboten. Das Verbreitungsgebiet des »Rottweiler Metzgerhundes« wurde zusehends kleiner, doch vergessen konnte man ihn – dank seiner bisherigen Leistungen – nicht. Als man zu Beginn des 20. Jahrhunderts spezielle Hunderassen zur Ausbildung für den Polizeidienst suchte, erinnerte man sich an den Rottweiler, dessen Charakter durch die nur auf den Einsatz ausgerichtete Zucht hervorragend war. Namhafte Kynologen der damaligen Zeit erprobten den Rottweiler für den Polizeidienst und stellten den hohen Gebrauchswert dieser Hunderasse fest. Er war von einzigartiger Treue, ausdauernd, fleißig, mutig und leicht führig. Damals wie heute ist man von dieser Hunderasse fasziniert, wenn man sie näher kennenlernt. Im Jahre 1910 wurde der Rottweiler wegen seiner Eignung vom Ersten Deutschen Polizeihundeverein als Polizeihunderasse offiziell anerkannt. Ab 1907 wurde die Rasse von mehreren neu gegründeten »Rottweiler-Klubs« betreut. Dieser Zustand war aber für die Rasse nicht zum Vorteil, manche persönliche Meinungs-

Wilhelm Faussner sen. mit seinen beiden Rottweilern (1930).

verschiedenheit zwischen den einzelnen Vereinsfunktionären wurde auf Kosten der Rasse ausgetragen. Erst im August 1921 wurde nach langen Verhandlungen eine Einigung erzielt und es kam zur Gründung des »Allgemeinen Deutschen Rottweiler-Klub«. In der Folge nahm die Rottweilerzucht nach den Kriterien der Kynologie starken Aufschwung, und der Hund wurde durch den »Allgemeinen Deutschen Rottweiler-Klub« fast in ganz Europa, England, Amerika, Australien, Südamerika bekannt und beliebt.

Heutiger Verwendungszweck

Der Rottweiler hat derzeit ein großes Verbreitungsgebiet. Die strenge Zuchtselektion auf Schönheit und Leistung in den einzelnen Ländern hat bewirkt, daß immer mehr Rottweiler bei den Behörden wie Polizei, Armee oder Zoll als Diensthunde verwendet werden. Gleichzeitig steigt die Zahl der Rottweiler, die als Familienhund Verwendung finden, ständig an. In der Familie wird der Rottweiler für Hobby, Freizeit, aber auch für den Hundesport gern verwendet. Als treuer Wächter und Beschützer von Gut und Leben bewährt er sich bestens. Derzeit finden wir Hunde unserer Rasse, die im allgemeinen Besitz sind und als Begleit-, Fährten- und Schutzhunde ausgebildet werden.

Wesenseigenschaften

Unser Rottweiler ist als Abkömmling von Jagdhunden der Molosser ein wesensfester, ruhiger und gelassener Hund, den Kleinigkeiten nicht aus der Ruhe bringen können. Trotzdem ist er immer wachsam und aufmerksam, wenn es darum geht, Familie und ihm Anvertrautes wie andere kleine Hunde, Katzen und ähnliches zu beschützen und zu verteidigen. Da wird aus dem so phlegmatisch dreinblickenden Hund ein bellendes Temperamentbündel, das sich absolut nichts gefallen läßt. Dank seiner Intelligenz ist er zu Handlungen fähig, die man sonst nur im Reich erfundener »Filmtier-Stories« findet. Folgende wahre Geschichte belegt das: Ein Diensthundeführer, in seiner Freizeit begeisterter Bergsteiger und Höhlenforscher, nimmt seinen Diensthund »Cora« auf seine Touren ins Hochgebirge mit. Eines Tages will er in eine Höhle im Hochgebirge einsteigen.

Dollo v. Hartmannshofen, ein Vorbild für den Rüdentyp um 1934.

Vor dem Höhleneingang legt er »Cora« ab, die auch geduldig einige Stunden wartete. Aber als Herrchen nicht zurückkommt, folgt sie ihm in die Höhle und findet ihn bewegungsunfähig eingeklemmt im eingestürzten Höhlengang. Sie schleckt ihm das Gesicht ab – und als sie bemerkt, daß er trotz heftiger Aufforderung ihr nicht folgt, macht sie auf seine Worte »geh', lauf und hol den Max«, seinen Bruder, kehrt, und läuft eine gute Stunde ins Tal zum Gehöft des Bruders. Dort läuft sie wie irr herum und bellt, was sie sonst nie tut, bis die Leute darauf aufmerksam werden, daß der Hund ja allein ist und sich komisch benimmt. »Cora« zeigt deutlich an, daß sie wieder weglaufen will. Die Leute folgen ihr und sie führt sie zu der Höhle und zu ihrem eingeschlossenen Herrchen. Klingt sehr kitschig, ist aber wahr.
Natürlich gibt es bei den Rottweilern Unterschiede in der Schnelligkeit der Auffassungsgabe. Es kommt schon vor, daß ein Hund langsamer lernt als andere, daß einer zu verspielt ist und alles nicht sehr ernst nimmt, doch

Ives v. Eulenspiegel in aufmerksamer Haltung.

mit Einfühlungsvermögen und Geduld sind auch diese Fälle zum Lernerfolg zu bringen. Viel Einfühlungsvermögen braucht unser Rottweiler überhaupt. Als geborener Einmannhund verträgt er es nicht, hin und her geschubst zu werden. Er muß wissen, wo er hingehört, und setzt sich dann auch bedingungslos ein. Auf lautes Schreien und herrschsüchtiges Gehabe des Hundeführers oder der Familienmitglieder reagiert er mit Trotzigkeit und Sturheit. Kindern gegenüber verhält er sich freundlich, duldet es aber nicht, gepeinigt zu werden. Dank seiner Bewegungs- und Arbeitsfreudigkeit müssen wir uns mit unserem Rottweiler viel beschäftigen, viel spazierengehen, aber auch viel arbeiten. Unter Arbeiten sind kleine Übungen zu verstehen, die auch unser Rudelverhältnis zum heranwachsenden Hund immer wieder festigen und klären. Mehr darüber im Kapitel über Erziehung.

Standard

Der Standard des Rottweilers, hinterlegt bei der »Fédération cynologique internationale« (FCI), trägt die Nummer 147 a. Die Rottweilerzucht erstrebt einen kraftstrotzenden Hund, schwarz mit rotbraunen, klar abgegrenzten Abzeichen, der bei wuchtiger Gesamterscheinung den Adel nicht vermissen läßt und sich als Begleit-, Schutz- und Gebrauchshund in besonderem Maße eignet.

Gesamterscheinung. Der Rottweiler ist ein mehr als mittelgroßer stämmiger Hund, weder plump noch leicht, nicht hochläufig oder windig. Seine im richtigen Verhältnis stehende, leicht gestreckte, gedrungene und kräftige Gestalt läßt auf große Kraft, Wendigkeit und Ausdauer schließen. Seine Erscheinung verrät Urwüchsigkeit, sein Verhalten ist selbstsicher, nervenfest und unerschrocken. Sein ruhiger Blick bekundet Gutartigkeit. Er reagiert mit hoher Aufmerksamkeit gegenüber seiner Umwelt und seinem Herrn.

Größe. Widerristhöhe Rüden 60 bis 68 cm, Widerristhöhe Hündinnen 55 bis 60 cm.

Kopf. Mittellang, der Schädel zwischen den Ohren breit, in der Stirnlinie von der Seite gesehen mäßig gewölbt. Hinterhauptstachel gut entwickelt, ohne stark hervorzutreten. Stirnabsatz und Jochbogen ausgeprägt. Entfernung von der Nasenkuppe bis zum inneren Augenwinkel nicht größer als vom Oberkopf ab innerem Augenwinkel bis zum Hinterhauptbein. Die Kopfhaut liegt überall straff an und darf bei hoher Aufmerksamkeit leichte Stirnfalten bilden. Erstrebt wird aber der faltenlose Kopf.

Lefzen schwarz, fest anliegend, Lefzenwinkel geschlossen. Nasenrücken gerade, mit breitem Ansatz und mäßiger Verjüngung. Nasenkuppe gut ausgebildet, eher breit als rund, mit verhältnismäßig großen Öffnungen, stets von schwarzer Farbe.

Augen mittelgroß, mandelförmig, von tiefbrauner Farbe. Lider gut anliegend.

Ohren möglichst klein, hängend, dreieckig, weit voneinanderstehend, hoch angesetzt. Der Oberkopf erscheint bei nach vorn gelegten, gut anliegenden Ohren verbreitert.

Gebiß stark und vollständig, 42 Zähne, die oberen Schneidezähne greifen scherenartig vor die des Unterkiefers.

Hals kräftig, mäßig lang, gut bemuskelt, mit leicht gewölbter Nackenlinie aus der Schulter herauswachsend, trocken, ohne Wamme oder loser Kehlhaut.

Rumpf. Geräumige, breite und tiefe Brust mit gut entwickelter Vorbrust und gut gewölbten Rippen. Rücken gerade, kräftig, stramm. Nierenpartie kurz, kräftig und tief. Flanken nicht aufgezogen. Kruppe breit, ab mittlerer Länge in leichter Rundung verlaufend, weder gerade noch stark abfallend.

Rute. Sie wird waagerecht getragen, ist kurz und stark. Angeborener Mutzschwanz muß, wenn zu lang, nachkupiert werden.

Vorhand. Sie zeigt eine lange, gut gestellte Schulter. Oberarm gut am Rumpf anliegend, doch nicht allzu straff. Unterarm kräftig entwickelt und bemuskelt.

Vordermittelfuß. Leicht federnd, kräftig, nicht steil, Pfoten rund, gut geschlossen und gewölbt. Sohlen hart, Nägel kurz, schwarz und stark. Die Vorderläufe sind von vorne gesehen gerade und nicht eng gestellt. Die Unterschenkel stehen, seitlich gesehen, gerade.

Hinterhand. Oberschenkel mäßig lang, breit und stark bemuskelt. Un-

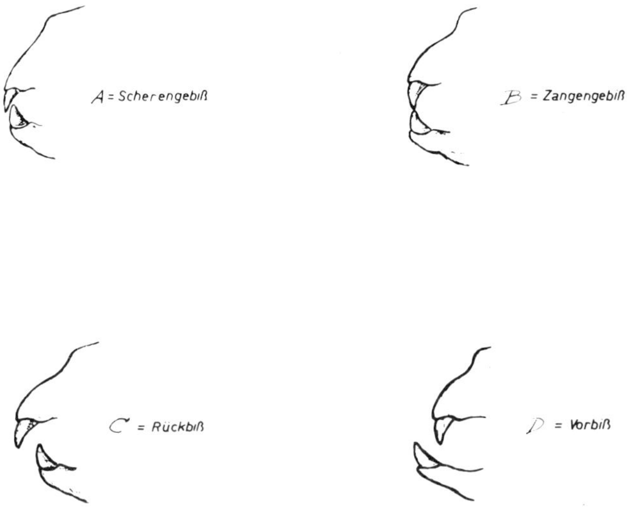

 Gebißstellungen.

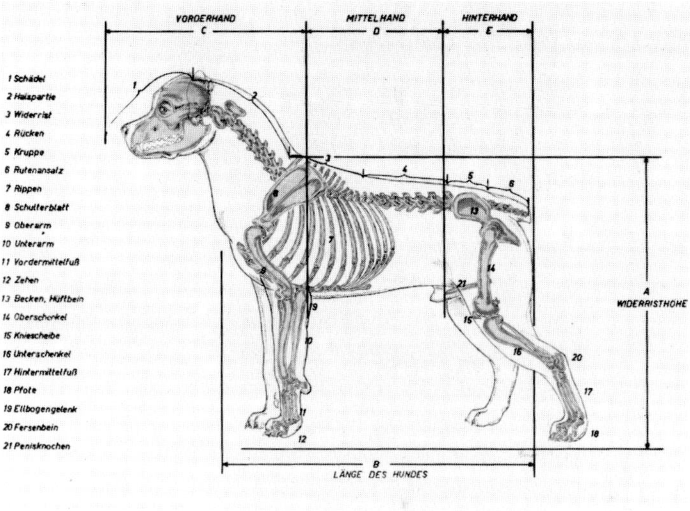

Skelett des heutigen Rottweilers.

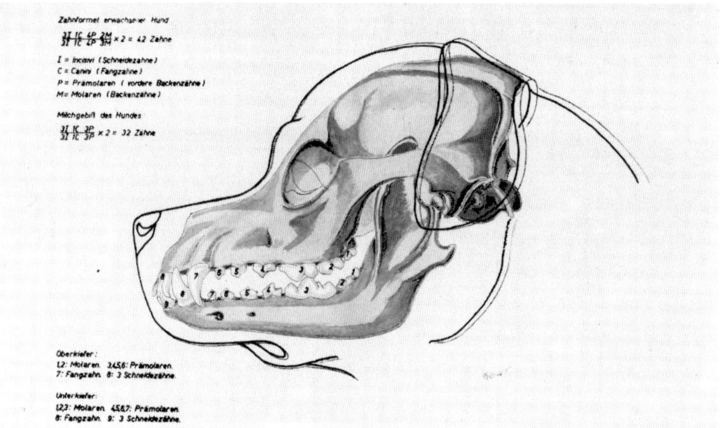

Das typische Rottweilerkopf-Skelett.

terschenkel lang, kräftig und breit bemuskelt, sehnig in ein kraftvolles Sprunggelenk übergehend, gut gewinkelt, nicht steil.

Pfoten etwas länger als die Vorderpfoten, ebenso gut geschlossen, gewölbt mit starken Zehen, ohne Afterkrallen. Von hinten gesehen sind die Hinterläufe gerade, nicht eng gestellt.

Behaarung. Sie besteht aus Deckhaar und Unterwolle. Deckhaar = Stockhaar, mittellang, derb, dicht und straff anliegend, die Unterwolle darf nicht aus dem Deckhaar hervortreten. An Vorder- und Hinterläufen ist die Behaarung etwas länger. Die Farbe ist schwarz mit gut abgegrenzten Abzeichen (Brand) von satter, rotbrauner Färbung an Backen, Fang, Halsunterseite, Brust und Läufen sowie über den Augen und unter der Rutenwurzel.

Formwertfehler des Rottweilers. Leichte, windige, hochläufige Gesamterscheinung, zu langer, zu kurzer, schmaler Körper, hervortretendes Hinterhauptbein; Jagdhundkopf und Jagdhundausdruck; schmaler, leichter, zu kurzer oder langer, plumper Kopf; flache Stirnpartie (fehlender oder zu geringer Stop); schmaler Unterkiefer, langer oder spitzer Fang; stark hervortretende Backen; Rams- oder Spaltnase, eingesunkener oder abfallender Nasenrücken, helle oder gefleckte Nasenkuppe; offener Lefzenwinkel; Staupegebiß; faltige Kopfhaut; zu tief angesetzte, schwere, lange, schlappe, zurückgeklappte sowie abstehende und ungleichmäßig getragene Ohren; helle (gelbe) oder verschiedenfarbige Augen, Glotzaugen, stechender Blick, offene, tiefliegende, zu volle, runde Augen; zu langer, dünner, schwach bemuskelter Hals, Wamme oder zu lose Kehlhaut; enggestellte oder ungerade Vorderläufe; helle Nägel; zu hoch oder zu tief angesetzte Rute; weiches, zu kurzes oder zu langes Haar, Wellhaar, Fehlen der Unterwolle, mißfarbene, unklar abgegrenzte, zu ausgedehnte Abzeichen, weiße Flecken; Afterkrallen.

Gebrauchsfehler des Rottweilers. Schwache Knochen und Muskeln; steile Schulter, fehlender oder mangelnder Ellbogenschluß, zu langer, zu kurzer oder steiler Oberarm, weicher oder steiler Vordermittelfuß. Spreizpfoten, zu flache oder stark gewölbte Zehen; flachgerippter Brustkorb, tonnenförmige Brust, Schnürbrust; zu langer, schwacher oder eingesenkter Rücken, Karpfenrücken; zu kurze, zu gerade oder zu lange, abschüssige Kruppe; aufgeschwemmter, plumper Körper; flachschenkelige, hackenenge, kuhhessige oder faßbeinige Läufe; zu eng oder zu weit gewinkelte Gelenke.

Von der Bewertung auf Hundeausstellungen in der Bundesrepublik Deutschland werden Hunde mit den folgenden Fehlern ausgeschlossen: Einhodige oder hodenlose Rüden. Beide Hoden müssen gut entwickelt sein und sich deutlich sichtbar im Hodensack befinden. Rottweiler mit

Gebißfehlern, das sind Vorbiß, Rückbiß, fehlende Prämolare oder Molare. Alle Rottweiler mit einwärts gerollten Augenlidern (Entropium) oder mit offenen Augenlidern (Ektropium). Alle ängstlichen, scheuen, feigen, schußscheuen, bösartigen und übertrieben mißtrauischen, nervösen Rottweiler, sowie solche mit stumpfsinnigem Ausdruck und Gehabe.

Wir möchten einen Rottweiler erwerben

Der Kauf eines Welpen

Gut vorbereitet, mit dem Wissen über den Standard ausgerüstet, wollen wir nun einen Welpen erstehen, natürlich nur beim Züchter. Die Züchteradressen haben wir schon Wochen vorher beim Rottweilerklub (Klubanschriften stehen am Schluß des Buches) erfragt. Wir studieren die Ahnentafeln der Elterntiere, prüfen genau die Stammbäume, die von einem der FCI angeschlossenen Klub ausgestellt sein müssen. Wir informieren uns über die Ausstellungs- und Prüfungserfolge der Elterntiere unseres Welpen und wissen auch über den Grad der Hüftgelenksdysplasie (HD) Bescheid. In einigen Ländern ist die Zucht mit HD-kranken Hunden verboten, in anderen hingegen erlaubt, wenn ein Elternteil keine und ein El-

Neugierig und verspielt.

Die Rüden Ives und Alf.

ternteil leichte Hüftgelenksdysplasie hat. Im Kapitel über die »Pflege des Rottweilers« wird die Krankheit genauer beschrieben.
Nach intensiven Kontaktgesprächen mit dem Züchter schauen wir uns das Muttertier an. Natürlich nicht in der Wurfkiste, sondern auf neutralem Boden. Schon aus dem Benehmen der »Alten« können wir Rückschlüsse auf unseren künftigen Rottweiler ziehen. Wie nähert sich uns die Hündin? Ängstlich, aggressiv – oder neutral: uns rundherum beschnuppernd, um dann mit einem wachsamen Auge auf uns wieder auf ihren Platz zurückzukehren. Daß wir die Welpen der sich neutral verhaltenden Hündin denen der unmotiviert aggressiven oder ängstlichen vorziehen, liegt wohl auf der Hand. Meist ist es aus Entfernungsgründen nicht einfach, sich auch das Vatertier anzusehen. Sehr oft besteht aber die Möglichkeit, es auf Hundeausstellungen oder Körungen kennenzulernen.

Rüde oder Hündin?

Heftige Familiendiskussionen löst oft die Frage aus: Soll nun ein Rüde oder eine Hündin bei uns Einzug halten? Hier einen Rat zu geben ist nicht einfach, hängt es doch von den Umständen und auch dem persönlichen

Geschmack ab, ob man sich für den männlichen oder weiblichen Welpen entscheidet. Die Hündin ist in der Regel haustreuer, sie muß allerdings in der Zeit der Läufigkeit, die ungefähr 20 Tage dauert und alle sechs bis neun Monate eintritt, unter strenger Kontrolle gehalten werden. Das Spazierengehen in dieser Zeit ist nicht kompliziert, weder in der Stadt noch auf dem Lande, wenn die Hündin an der Leine geführt wird. Um das Beschmutzen von Teppichen zu vermeiden, soll man schon bei der ersten Läufigkeit darüber wachen, daß die kleine Hündin sich das im Handel erhältliche »Hoserl« nicht abstreift. Auch helfen Chlorophyll-Tabletten und Spray, den »Duft« der Hündin abzuschwächen, so daß die Belästigung durch Rüden nicht so groß ist. Fällt die Wahl auf einen Rüden, so muß man sich im klaren sein, daß dieser größer, mächtiger und auch etwas ungestümer ist als eine Hündin. Rüden sind bei der Erziehung auch meistens unkonzentrierter, lassen sich von »Düften« weit mehr ablenken als Hündinnen.

Wie alt soll der Welpe sein?

In der achten bis zehnten Woche nach der Geburt der Rottweilerwelpen ist es soweit. Wir stehen vor der Wurfkiste und betrachten aufgeregt die Welpen. Jetzt ist der Moment gekommen, um nüchtern und sachlich zu bleiben. Halten wir uns vor Augen, daß wir unseren Gefährten für die nächsten zehn bis zwölf Jahre auswählen. Nur ein kräftiger und gesunder Welpe wird annähernd die in ihn gesetzten Erwartungen erfüllen können. Es ist wohl selbstverständlich, daß das Welpenlager sauber, trocken und frei von üblem Geruch ist. Auch die Mutterhündin soll einen guten, wohlgenährten Eindruck machen. Wohl wird das Fell nicht immer sehr glänzend sein, aber die Hündin muß sauber geputzt und gepflegt aussehen.

In der achten bis zehnten Woche sind die kleinen Rottweilerwelpen schon recht stramme Kerlchen, das Gewicht wird ungefähr zwischen 8 und 10 kg liegen! Recht quirlig und unternehmungslustig stürzen sie sich auf alles, was sich bewegt. Schnürriemen und herabhängende Schals sind besonders interessant! Ein leichtes Händeklatschen oder Rasseln mit dem Schlüsselbund wird als animierend empfunden. Sitzt ein Welpe abseits in der Kiste oder gebärdet sich ängstlich und verschreckt beim Hochneh-

Schon im Welpenalter recht unternehmenslustig.

men, so kann die Ursache im Wesen selbst oder im mangelnden Kontakt zum Menschen liegen. Es ist aber keinesfalls ein gutes Zeichen, weil die Prägungsphase beim Hund schon in der vierten Woche beginnt und bis zur siebten Woche dauert. Sie wird in der achten Woche von der Sozialisierungsphase abgelöst. Werden in der Prägungsphase von drei Wochen schwerwiegende Versäumnisse begangen, kann das Ergebnis sein, daß eine belastbare Gemeinschaft zwischen dem neuen »Artgenossen« Mensch und dem betroffenen Hund nicht mehr zustandekommen kann. Der Welpe soll früh Erfahrungen mit mehreren Personen haben, ab der achten Woche »muß« er sie haben: Bleibt der Welpe bis zu seiner zwölften Woche nur auf eine Person geprägt, so wird er nach diesem Zeitpunkt nur schwer sein Menschbild auf weitere Personen erweitern können. Deshalb wäre es richtig, wenn wir uns schon ab der dritten Woche regelmäßig mit den Welpen »unseres Wurfes« beschäftigen, mit ihnen spielen und sie streicheln könnten.

Die Auswahl

Wir greifen also nach dem Hund, der sich uns freudig, vertrauensvoll und neugierig nähert, und betrachten ihn genauer. Da die Frage Rüde oder Hündin schon vorher abgesprochen ist, widmen wir uns nun dem Aussehen des Kleinen. Das kleine Kerlchen mit dem pummeligen Hamsteraussehen hat noch sein Welpenfell, dicht und etwas flauschig. Selten wird es schon glatt und hart sein. Keinesfalls darf das Fell aber lockig und gewellt sein. Die Abzeichen sind klar erkennbar. Ideal ist es, wenn sie rotbraun sind. Ein grober Fehler aber sind weiße Abzeichen und Einfärbungen. Die Läufe sollen gerade und kräftig sein, die Gelenke der Vorderläufe stark ausgeprägt, aber nicht geschwollen. Der Kleine soll sich gerade aufrichten können und nicht ununterbrochen niedersetzen, denn das läßt den Verdacht auf eine genetische Schwäche der Hinterhand zu. Wir heben den Welpen hoch, indem wir mit einer Hand unter den »Popo« greifen und mit der anderen unter die Vorderpfoten, nie an den Vorderpfoten hochziehen! Das schädigt Bänder und Gelenke. Auch nicht am Nacken, das ist der Muttergriff und der Welpe fühlt sich gerügt.

Wenn er bei uns sitzt, schauen wir dem kleinen Rottweiler tief ins Auge: der Lidrand soll trocken sein. Feuchter Lidrand könnte bei einem Entropium oder Rollid auftreten, das ist die Einwärtsstülpung der Augenlider, wodurch die Wimpern nach innen schauen und so ständig den Augapfel reizen, was zu einem Tränenfluß führt. Der weit herunterhängende Lidrand, das Ektropium, ist ebenfalls unerwünscht: Zwar nicht so schmerzhaft wie das Entropium, führt es aber doch zu häufigen Augenerkrankungen. Die Augenfarbe ist in diesem Alter eher bläulich. Die endgültige Farbe erhält die Iris erst im Alter von vier bis fünf Monaten.

Nun heben wir vorsichtig die Lefzen hoch, die Zahnleiste soll dunkel sein, die 28 Zähne des Milchgebisses sollen weiß sein. Ober- und Unterkiefer sollen in Form einer Schere schließen – man spricht von einem Scherengebiß –, wobei die oberen Schneidezähne scherenförmig über die unteren schließen. Ein leichtes Zangengebiß, die Schneidezähne des Oberkiefers stehen auf den Schneidezähnen des Unterkiefers wie eine Beißzange, kann sich noch als ein vom Standard vorgeschriebenes Scherengebiß ausformen. Ein Vorbiß ist beim Rottweiler ein schwerer Fehler, ebenso wie der Rückbiß, wobei besonders beim Rückbiß die Gefahr besteht, daß nach

Bin ich nicht lieb und freundlich?

dem Zahnwechsel die Canini, Fang- oder Hakenzähne des Unterkiefers, sich in die Gaumenplatte des Oberkiefers bohren. In diesem Stadium hilft nur noch die Extraktion!
Wir kontrollieren, ob das Bäuchlein fest und rund, aber nicht aufgetrieben ist. Aufgetriebene Bäuchlein lassen auf Wurmbefall schließen, und ob etwa ein Nabelbruch vorhanden ist. Bei Rüden könnten wir vorsichtig die beiden Hoden ertasten. Das kupierte Stummelschwänzchen muß gut verheilt sein und auf den Hinterläufen muß die fünfte Zehe, die sogenannte Wolfs- oder Afterkralle, entfernt sein. Meiner Erfahrung nach ist es auch günstig, die fünfte Zehe an den Vorderläufen entfernen zu lassen, da diese bei der Abrichtung oder beim Spiel sehr leicht verletzt wird. Doch müßte das schon beim Züchter vorweg beantragt werden, weil diese Operation am zweiten Lebenstag ausgeführt wird.
Nachdem wir nun einen kleinen, gesunden, quicklebendigen Rottweiler ausgesucht haben, bekommen wir vom Züchter eventuell einen Kaufvertrag ausgehändigt. Wir haben bei der Übernahme unseres Welpen den Internationalen Impfpaß ausgefertigt bekommen. Die Ahnentafel wird vom zuständigen Zuchtbuchamt des »Allgemeinen Deutschen Rottweiler-Klub« (ADRK) oder des nationalen Rottweilerklubs etwas später nachgesandt.

Heimweg mit dem Welpen

Wir legen unserem kleinen Liebling ein mitgebrachtes Lederhalsband mit Leine um und führen oder besser tragen ihn behutsam zum Auto. Angenehmer ist es, wenn er vorher nicht gefüttert wurde, sonst gibt es unter Umständen eine erbrochene Überraschung. Mein Rüde hat sich vorher an Kuhfladen vom Rosenbeet gütlich getan, das haben wir dann beim Heimweg am Arlberg deutlich festgestellt! Günstig ist es, den Kleinen zu Füßen des Beifahrers auf eine Decke zu legen, der dann beruhigend während der Fahrt auf ihn einspricht. Daß man nicht rasant um die Kurven fegt und damit ein für allemal einen Grundstein legt, daß er künftig nicht gern autofahren will, ist verständlich. Rastpausen sind stündlich vorzunehmen. Wir nehmen den Welpen an der Leine auf der dem Verkehr abgewandten Seite (bitte fest und für alle Zeiten einprägen!) behutsam heraus und führen ihn zu einem Platz, wo er sich lösen kann. Wir lassen ihn unter keinen Umständen von der Leine, denn der Welpe kennt weder uns noch die böse und laute Umwelt, er ist sicherlich eher verschreckt und würde möglicherweise in sein Verderben laufen.

Eingewöhnung, Verständigung und Erziehung

Der erste Tag im neuen Heim

Zu Hause angekommen, zeigen wir ihm sein Plätzchen. Die Eingewöhnung fällt unserem kleinen Rottweiler um vieles leichter, wenn wir dorthin, es wird ein Hundekorb oder eine entsprechend große, glatt gehobelte Holzkiste sein, ein Stück Stoff aus der alten, vertrauten Heimat legen. Als Liegefläche eignet sich eine 10 cm dicke Schaumgummimatte mit einem leicht waschbaren Überzug. Sehr gern verwendet man das sogenannte Vet-Bett, das sich kuschelig und immer trocken anfühlt und in der Waschmaschine gewaschen werden kann. Wir bereiten ihm sein gewohntes Futter, den Speiseplan haben wir ja vom Züchter mitbekommen. Durch die große Aufregung wegen des Umgebungswechsels kann es unter Umständen zu leichtem Durchfall kommen. Um dem vorzubeugen, mischt man immer einige Löffel grober Weizenkleie und etwas rohen, geschabten Apfel unter das Futter, und statt Wasser gibt man lauwarmen, ungezuckerten schwarzen Tee. Wir achten immer darauf, daß das Futter mit etwa 36 bis 38 Grad Celsius frisch verabreicht wird, so beugt man am sichersten Magen- und Darmbeschwerden vor. Sollte es aber dennoch zu Durchfällen kommen: sofort zum Tierarzt, da der Laie gerade bei diesem Alter sehr schwer eine leichte Unpäßlichkeit von einer massiven Infektion unterscheiden kann. Lieber einmal zuviel zum Tierarzt als einmal zuwenig!

Zwingerhaltung – ja oder nein?

Man wird oft gefragt, ob der Rottweiler nicht besser im Zwinger als in der Wohnung gehalten werden soll. Grundsätzlich ist zu sagen, daß man einen Rottweiler ohne weiteres in der Wohnung halten kann, bei mehreren wird es problematischer. Recht praktisch ist es, wenn man einen Raum zum »Hundezimmer« erklärt. Ausgestattet wird es mit pflegeleichtem Fußboden, damit auch ein kleines Malheur leicht beseitigt werden kann.

In dem Zimmer soll man auch mit unserem kleinen Rottweiler ungestüm spielen können, ohne Schaden an Möbeln oder Teppichen anzurichten. Ideal ist natürlich eine kombinierte Wohnungs- und Zwingerhaltung. Keinesfalls stecke man jedoch den Welpen den ganzen Tag lang in den Zwinger. In seiner Sozialisierungsphase braucht er uns, um zu lernen. Je mehr er uns hat, um so besser für ihn. Man kann aber ohne weiteres für unseren Rottweiler ein Fleckchen im Garten abzäunen, wo er sich ungestört austoben darf oder Löcher graben kann. Das ist sehr zum Wohle unseres restlichen Gartens.
Wir stellen eine massive, doppelwandige, gut isolierte Hundehütte auf, legen sie mit Holzwolle oder trockenem Weizenstroh aus, welches wir regelmäßig wechseln. Die Hütte stellen wir auf Hohlziegel, so daß sie gegen die Kälte des Bodens isoliert ist. Im Sommer die Wasserschüssel nicht vergessen! Den erwachsenen Rottweiler können wir dann auch ohne weiteres längere Zeit im Zwinger lassen, wenn wir beispielsweise Besorgungen machen. Wir wissen: Er kann nichts anstellen und kommt auch nicht in Ge-

Die Übung »Sitz« kann er schon.

wissenskonflikte, wenn er sich lösen muß. Ein Zwinger bewährt sich auch sehr, wenn wir nach einem ausgedehnten Spaziergang mit einem nassen und über und über mit Kot beschmutzten Rottweiler heimkommen. Wir frottieren ihn dann gut ab und geben ihn zum »Auftrocknen« in den Zwinger. Auf alle Fälle sollten wir uns bemühen, soviel Zeit wie nur möglich mit unserem Gefährten zu verbringen, damit er nicht – im Zwinger auf sich allein gestellt – seelisch verkümmern muß.

Am Anfang steht das Lob

Am Beginn der Erziehung sollten Sie das Belohnen mit Stimme und Händen sowie mit Ihrem Gesichtsausdruck stark übertreiben, um dem Junghund die Unsicherheit zu nehmen. Wichtig erscheint auch, daß man sich eine eigene Sprache mit kurzen prägnanten Worten, die aber immer gleichlautend sein müssen, angewöhnt. Auch der Tonfall der Stimme ist von sehr großer Bedeutung für die Erziehung des Junghundes. Sie soll von Anfang an ruhig und in mittlerer Tonlage sein. Wer zu laut (militärisch) ständig mit dem Hund spricht, wird nur erreichen, daß er in dringenden Fällen keinerlei Stimmreserven besitzt, um auf den ungehorsamen Hund einzuwirken, vor allem wenn er weit weg ist. Außerdem wird der Hund »harthörig«.

Ich habe vorhin auch den Gesichtsausdruck des Menschen erwähnt, dazu möchte ich folgende kleine Geschichte erzählen: Ich hatte vor etlichen Jahren neben meinen Rottweilern auch eine sehr wesensstarke, überaus intelligente Dobermannhündin, mit der ich viele Prüfungen und Wettkämpfe erfolgreich bestanden habe. Sie machte stets einen großen Fehler bei der Gehorsamkeitsarbeit: Beim Hereinrufen und Vorsitzen kam die Hündin immer langsam zurück. Was hatte ich schon alles probiert – Futtergeben, locken und vieles mehr. Es nützte nichts, sie kam exakt, unbeirrbar, aber langsam. Sie schaute mich immer mit ihren schönen, ausdrucksvollen Augen an, aber die Gangart wurde nicht schneller, sondern um so langsamer, je näher sie kam. Einem Hundesportler, der bei der deutschen Bahnpolizei Diensthundeführer ist, fiel das auf und wir sprachen lange über dieses Phänomen. Er gab mir den Rat, meinem Hund nicht so ernst entgegenzuschauen. Zweifelnd probierte ich diesen Ratschlag – und siehe da, er funktionierte. Ich habe in der Folgezeit, in der ich viele Hunde aufzog und ausbildete, stets feststellen können, daß gerade in der Phase der Eingewöhnung und bei der Erziehung auch der Gesichtsausdruck des Hundeführers eine wichtige Rolle spielt. Es ist mir auch vollkommen klar, daß ein »normaler« Mensch, der mich mit meinen Hunden sprechen hört, an meinem Geisteszustand zweifelt. Ich spreche beim Loben meiner Hunde etwas höher als in der normalen Stimmlage, weich, fast singend und sehr gedehnt. Man kann sich nicht vorstellen, was für eine Leistungssteigerung vom Hund erbracht wird, wenn ein Hundeführer sich überwindet und seinem Kameraden mit liebelnder Stimme ein »sooooo ist's braaaaaaav« rechtzeitig als Lob zukommen läßt. Gibt es denn außer unserem vierbeinigen Kameraden noch ein anderes Lebewesen unter den Tieren, das sein ganzes »Ich« aufgibt, um nur das zu tun, was uns angenehm ist?

Ziele der Erziehung

In erster Linie soll sich der Welpe vollkommen in die Familie integrieren. Dazu ist es notwendig, daß man ihm langsam, behutsam, aber konsequent verständlich macht, was er tun darf und was nicht. Die Erziehung sollte mit dem Tag, an dem der Welpe zu uns kommt, beginnen und langsam mit etwa zehn bis zwölf Monaten in die Abrichtungen übergehen. Der Rottweiler braucht Arbeit, daher darf seine Arbeits- und Leistungsfähigkeit nicht brachliegen. Wegen der Abrichtung des Hundes sollte man über den zuständigen Rottweilerklub oder über einen Spezialverein für Gebrauchshundabrichtung rechtzeitig Kontakte herstellen.

Die Methoden

Der Hund soll, wie jedes Mitglied einer intakten Familie, seinen festen Platz haben. Sollte der heranwachsende Junghund Ambitionen verspüren, seinen Platz zu verbessern, dann muß er – schon bei dem kleinsten Anzeichen von Aufbegehren gegen die Rangordnung in der Familie (Rudelhierarchie) – sofort wie in einem Hunderudel vom Rudelführer (wissenschaftlich das »Alpha-Tier«) zurechtgewiesen werden. Erst wenn der Hund Demutsstellung einnimmt, die Halsgegend freilegt oder seine Bauchseite zeigt, ist die Einwirkung sofort abzubrechen und der Hund in

Ruhe zu lassen. Der Hund muß die feste Überzeugung bekommen, daß ihm nichts geschieht, wenn er sich dem Rudelführer ergeben hat. Auch diese Art von Erziehung muß den kleinen Hund positiv für sein weiteres Leben prägen, um aus ihm einen wesensfesten, selbstbewußten, aber genau seine Rangordnung kennenden, verträglichen Rottweiler zu machen. Sollten Sie hier Fehler begehen, dann kann das solche Folgen haben, daß Sie sich sogar von dem Hund trennen müssen, denn dann ist der Hund der Rudelführer und Sie nur ein geduldeter Rudelgefährte, der ihm das Futter geben darf, aber sonst von ihm jederzeit zurechtgewiesen wird. Man muß

Spielen mit dem Springseil.

aber zu solchen Gefahren bei der Erziehung und Aufzucht eines Rottweilers bemerken, daß sie eher selten auftreten und daß auch Hunde anderer Rassen genauso auf entsprechende Fehler reagieren.
Wenn man sich dem Hund verständlich machen möchte, muß man zu Beginn der Erziehung das Entwicklungsniveau voraussetzen, das einem Kleinkind von ein bis zwei Jahren entspricht. Das Kleinkind kann wohl optische und akustische Reize mit seinen Sinnesorganen sofort aufnehmen und verarbeiten, aber die von uns gewünschten Reaktionen aufgrund seines noch begrenzten Erfahrungsschatzes nur teilweise richtig ausführen. Wir können uns daher dem Hund nur durch kurze, prägnante Sinnesreize verständlich machen. Zur besseren Definition wollen wir sie als »Einwirkungen« bezeichnen. Wir werden daher immer die Einwirkungen mit den Händen, der Führerleine, dem Halsband (direkte Einwirkung) und gleichzeitig mit der Stimme (indirekte Einwirkung) durchführen. Auf die unbedingt gleichzeitige Anwendung der direkten und indirekten Einwirkung bei der Erziehung ist großer Wert zu legen. Sobald der Rottweiler die gewünschte Handlung ausgeführt hat, muß auf jeden Fall blitzschnell die direkte Einwirkung mit Händen, Halsband oder Leine sowie die indirekte Einwirkung mit der Stimme aufhören und das intensive Belohnen mit Stimme oder Händen beginnen.

Tadel und Strafe

Durch den Tadel müssen wir dem Hund sofort unsere Unzufriedenheit verständlich machen können. Dies geschieht in der Regel so, daß er für Unarten, die er jetzt zeigt, mit einem etwas scharfen »Aus« zur Räson gebracht wird. Bei Handlungen, die er niemals machen darf, beispielsweise Teppiche anzunagen, wird das Hörzeichen »Pfui« sehr scharf gegeben. Sollte dies nicht den gewünschten Erfolg bringen, so ist der Ruf mit einem kurzen Ruck am Halsband zu verbinden. Der Hund muß die Hörzeichen unterscheiden lernen: Wenn er beispielsweise eine verlangte Übung nicht richtig ausführt, kommt der Tadel in Form des Hörzeichens »Aus«. Wenn er aber bei derselben Übung ungehorsam ist, beispielsweise geht er beim »Hereinrufen« seitlich schnuppernd, mit deutlichem Interesse für etwas anderes über die Wiese, so kommt sofort die Strafe durch das scharf gesprochene Hörzeichen »Pfui«. Der Hund wird bei ständigem konsequen-

Gemeinsamer Spaziergang.

tem Üben bald merken, daß das Hörzeichen »Aus« die sofortige Unterlassung einer eben getanen Handlung fordert.
Das Hörzeichen »Pfui« ist bereits Strafe und soll wie ein starker Leinenruck wirken, um dem Hund verständlich zu machen, daß er die beanstandete Handlung niemals tun darf. Daher ist es vollkommen falsch, wenn man das Hörzeichen »Pfui« auch als Tadel für eine fehlerhafte Übung verwendet. Der Hund soll zwar die Übung ausführen und keine Fehler machen, aber er darf nicht in einen Gewissenskonflikt gestürzt werden. Denn für den Hund ergeben sich zwei Reaktionsmöglichkeiten: Er bezieht das »Pfui« auf die ganze Übung und ist nicht mehr bereit, sie auszuführen, wodurch er überhaupt unsicher in seiner Leistungsbereitschaft wird, oder die gewünschte Wirkung des Hörzeichens »Pfui« als Strafe geht allmählich verloren.
Zum Thema Strafe noch einen wesentlichen Gesichtspunkt: Man sollte sich vorher genau überlegen, wann, womit und wie gestraft wird. Denn schon ein einziger Leinenruck zum falschen Zeitpunkt kann die Arbeit von Stunden oder Tagen verderben.
Wann soll gestraft werden? Die klare Antwort: Sofort bei Begehung des Ungehorsams und nur auf »frischer Tat«, keinesfalls später. Das folgende Beispiel mag verdeutlichen, warum das so wichtig ist: Sie gehen aus dem Zimmer, lassen Ihren unternehmungslustigen Hund ohne Aufsicht zurück, was natürlich dazu führt, daß er sich sofort mit den erreichbaren Gegenständen beschäftigt. In diesem Fall ist es Ihre Wollweste, die auf einem Stuhl liegt. Daß sich das Kleidungsstück nicht zu seinem Vorteil verändert, läßt sich denken. Wenn Sie aber später zurückkommen, die zerrissene Weste finden und glaubten, den Hund, der längst mit etwas anderem spielt, bestrafen zu müssen, dann würde er aus der nachträglichen Strafe folgenden Schluß ziehen: Es ist lustig, mit dem nach Herrchen oder Frauchen riechenden Gegenstand zu spielen, auch mit anderen Dingen – doch leider ist der Augenblick, in dem Herrchen oder Frauchen das Zimmer betreten, merkwürdigerweise mit schmerzhaften Begleiterscheinungen verbunden. Davor gilt es sich zu schützen.
Der Hund wird sich folgerichtig verkriechen. Damit wäre der Anfang für die Entwicklung zum ängstlichen, unsicheren Hund gemacht.
Zweiter Punkt: Wie soll gestraft werden? Grundsätzlich kurz, schnell und dem Wesen des Hundes angepaßt. Eine unkorrekte Ausführung macht

den Hund störrisch, Übungen müssen häufiger wiederholt werden. Die Intensität der Einwirkung hängt hauptsächlich vom Wesen des Hundes ab. Man wird daher bei einem weichen, sensiblen Hund weniger intensiv strafen, bei einem charakterlich robusten Hund kann die Strafe schon etwas härter ausfallen.
Womit soll gestraft werden? Mit Stimme und Halsband, der Leine, den Händen, aber überlegt und dosiert. Wenn Sie bei der Erziehung feststellen, daß Ihr Hund ungehorsam ist, dann versuchen Sie es sofort mit einer etwas drohenden Stimmlage. Oft genügt dies schon, um den Ungehorsam in seinen Ansätzen zu vereiteln. Wenn dies aber nichts nützt, dann schreien Sie nicht, sondern wirken Sie sofort direkt ein. Die besten Erfolge hat man mit einem richtig dosierten Ruck am Halsband (Kette) mit der Hand, oder – wenn notwendig – mit der am Halsband befestigten Leine. Der entsprechende Ruck am Halsband muß auch als solcher verstanden werden. Zu dem Thema Strafe bei der Erziehung des Hundes gehört die Mahnung »Nur der Dumme schlägt seinen Hund«. Man kann nicht leugnen, daß uns der »Kleine« manchmal ganz schön in Wut bringen kann, aber hier müssen wir einfach kühl bleiben und uns wirklich zurückhalten, damit wir nicht die Kontrolle über uns verlieren.
Einen Hund bei der Erziehung zu schlagen, sei es mit einem Gegenstand oder mit der Hand, ist des Menschen unwürdig und beschämend. Eines erreicht man damit bestimmt: den verschreckten, sich vor dem Hundeführer verkriechenden, nässenden, handscheuen Hund!

Die Leine

Beim Erlernen der Leinenführigkeit machen viele Hundeführer den Fehler, den Hund ständig mit gespannter Leine an ihrer linken Körperseite zu führen. Richtig ist ein kurzer, kräftiger Leinenruck an der lockerhängenden Leine. Dazu kommt das ermahnende kurze Hörzeichen, und dann läßt man die Leine wieder locker durchhängen, um dem Hund die Möglichkeit zu geben, einen Fehler zu machen. Sollte der Hund nur eine Korrektur benötigen und dann korrekt bei Fuß gehen, muß man natürlich sofort mit liebelnder Stimme »sooo ist's braaaav« loben. Man sollte hier auch richtig dosieren, damit der Hund nicht vor lauter Freude über das Lob die korrekte Leinenführung verläßt.

Der Kampf um den Knochen.

 Der Klügere gibt nach.

Ratschläge für die praktische Erziehung

Was wollen wir mit der Erziehung des jungen Rottweilers erreichen? Er soll zimmerrein werden, er soll kommen, wenn man ihn ruft, auf seinem Platz bleiben, wenn wir es wünschen – und warten können soll er auch. Er soll verkehrssicher sein, nicht stehlen, gesittet an der Leine gehen und uns nicht anspringen. An das Autofahren und an das Verhalten im Auto muß man ihn rechtzeitig gewöhnen. Das scheint viel Arbeit zu bedeuten, ist aber tatsächlich nicht so schlimm.

Zimmerreinheit

Man sollte immer bedenken: Ein Junghund ist einem Kleinkind vergleichbar. Wenn er vom Schlafen aufwacht, wird sein erster Gang zum Nässen sein. Außerdem wird er, kurz nachdem er sein Futter oder das Trinken bekommen hat, unruhig und sucht mit trippelnden Schritten und tiefer Nase einen Platz zum Lösen oder Nässen. Wenn man bei seinem kleinen Rottweiler solch ein Verhalten bemerkt, nehme man ihn hoch und trage ihn auf kürzestem Weg ins Freie, wo man den Kleinen auf weichen Boden, Sand- oder Grasboden setzt und ihm ruhig zuspricht. Es ist wichtig, ihm beim »Geschäftchenmachen« mit ruhiger Stimme und stets den gleichen Worten zuzusprechen. Unser Rottweiler wird sich rasch daran gewöhnen. Anfangs wird er sich sehr darüber freuen und später, wenn er schon versteht, schneller seine Notdurft verrichten. Dann ist dies bereits eine große Erleichterung für uns. Es hilft uns bei schlechtem Wetter, wenn wir nur im Schlafanzug, Regenmantel und Hausschuhen warten, bis der an seiner Umgebung interessierte Welpe um zehn Uhr abends bei strömendem Regen sein Geschäftchen verrichtet. Ganz zu schweigen von Situationen im Auto, auf Reisen im Zug vor Prüfungen oder Hundeausstellungen. Man muß den Welpen auch während des Nässens oder Lösens mit liebelnder Stimme loben, etwa mit den Worten »bist du braaav«.

Obwohl unser Kleiner uns nun schon wirklich brav anzeigt, daß er »muß«, kann es trotzdem in der Hitze eines aufregenden Spieles passieren, daß er vergißt zu melden, und das Bächlein rinnt in der Wohnung. Einen Welpen deswegen zu bestrafen, ihn vielleicht zusätzlich mit der Nase in das kleine Malheur zu stoßen, ist vollkommen falsch. Man sollte wohl mit der Hand hinzeigen und mit etwas gedehntem Tonfall »Pfui schäääm dich« sagen, aber eine körperliche Bestrafung unter allen Umständen vermeiden. Diese würde ihn nur verschrecken und ist völlig sinnlos.

Der Welpe wird in der Folgezeit, sollte er einmal vom inneren Drang überrascht werden, in die Nähe der Tür machen. Dies ist bereits ein grosser Fortschritt. Wir müssen ihn daher noch genauer beobachten, um seine Sprache zu verstehen. Viele Hunde werden unruhig, laufen zur Tür, stellen sich zur hängenden Führerleine oder kratzen an der Tür. Hier heißt es dann: schnell sein. Man frage den Hund, meistens schon im Laufschritt »mußt du hinaus?« Mit dieser Frage erreicht man, daß der Hund später sein Verlangen noch heftiger und früher anzeigt. Ist dem Welpen das kleine Malheur einmal in der Wohnung passiert, so hilft es, die Stelle am

 Wer ist hier der Stärkere?

Fußboden nach der Reinigung mit Sagrotan oder Anti-Läufigkeitsspray zu behandeln.
Jenen Hunden, die eine kombinierte Zwinger-Wohnungshaltung haben, muß man, bevor sie in die Wohnung kommen, Gelegenheit geben, sich gründlich auszulaufen. Man muß sie aber trotzdem scharf beobachten, um eine Harnmarkierung unseres jungen Rottweilerrüden an den Polstermöbeln zu verhindern. Wenn aber so etwas einmal passiert und danach eine gewisse Zeit vergeht, soll man den Hund anleinen, zu der betroffenen Stelle führen und hinzeigen. Ein scharfer Leinenruck, »Pfui ist das«, und er muß hinaus. Ist der Hund erkrankt und es passiert etwas, wird darüber hinweggegangen. Es kommt auch vor, daß Hunde langsam zimmerrein werden und daß sie sich hauptsächlich in der Nacht lösen, obwohl wir noch spät am Abend mit ihnen »Gassi« waren, oder wenn sie ohne Aufsicht sind. Der Junghund wird in solchen Fällen mit einer kurzen, verstellbaren Zwingerkette angeleint, deren Karabiner mit drehbarem Zwischenstück versehen ist. Die Länge der Kette muß so gewählt werden, daß der Junghund seinen Platz nicht verlassen kann. Ein Hund beschmutzt unter normalen Umständen niemals seinen Liegeplatz. Wenn man den Hund dann von seinem Platz abholt, lobe man ihn ausgiebig, nehme ihn sofort an die Führerleine und bringe ihn schnellstens zum Lösen ins Freie.

Gewöhnung an Halsband und Führerleine

Vom ersten Tag an gewöhnen wir den Welpen an das Lederzughalsband. Das Halsband läßt sich individuell für jeden Halsumfang verstellen und hat am Zugteil eine Sperre eingebaut, die verhindert, daß es sich zu stark zusammenzieht und den Welpen stranguliert. In späterer Folge, wenn der Hund schon fast erwachsen ist, werden wir eine langgliedrige Zughalskette verwenden. Das Lederhalsband und die Zughalskette müssen so angelegt werden, daß beide nach einer direkten Einwirkung von selbst wieder locker werden.
Die Führerleine soll aus Chromleder bestehen, etwa 130 cm lang, 4 mm stark und 17 mm breit sein. An einem Ende soll sie einen starken Zangenkarabiner mit Doppelblattfeder und drehbarem, eingelöteten Wirbel, am anderen Ende einen drehbaren Schiebekarabiner mit Spiralfederspannung

Der Knochen reicht für beide Welpen.

haben. In etwa 40 bis 50 cm Entfernung vom Schiebekarabiner befindet sich ein Metallring mit 4 cm Durchmesser. Um das Leder nicht zu schwächen, darf die Führerleine nur genäht und niemals genietet werden. Die Länge der Führerleine, die Zweiteiligkeit und verschiedene Karabinerformen dienen einer leichteren Handhabung bei der Erziehung und später der Abrichtung unseres Rottweilers. Das Anlegen der Führerleine und des Halsbandes wird immer unter starkem Loben und am Anfang immer am selben Ort durchgeführt. Halsband und Leine haben im Hausflur einen festen Platz. Man verwende bei seinem Hund immer, dann wenn man nach Halsband, Halskette oder Leine greift, die Worte »Gehn wir Gassi?« Der Hund wird binnen kürzester Zeit verstehen, was wir wollen, und nach kurzer Zeit der Eingewöhnung wahre Bocksprünge vor Freude aufführen.

Der Welpe muß aus seinem Zwinger, dem Garten oder der Wohnung hinaus, um die Umwelt kennenzulernen und verkehrssicher zu werden, aber auch, um den Kontakt zu anderen Hunden nicht zu verlieren. Das Wichtigste ist aber die gezielte Bewegung mit dem Hundeführer und das gemeinsame Erleben. Zu Beginn der Eingewöhnung suchen wir uns einen ruhigen Ort aus, wo wir mit dem Hund ungestört sind. Man kann sogar, wenn man genügend Raum zur Verfügung hat, die ersten gemeinsamen »Gehversuche« mit unserem Kleinen in der Wohnung machen. Mit dem unter starken Loben angeleinten Hund geht man langsam herum, ohne sich um das anfängliche Sträuben des Hundes zu kümmern. Man bleibt dann stehen, streichelt den Welpen, spricht mit ihm ruhig und geht dann wieder weiter. Anfangs ist es vollkommen gleich, an welcher Körperseite des Hundeführers sich der Welpe bewegt. Es soll lediglich erreicht werden, daß seine bisherige heile Welt, die nun unvermutet durch den Zwang, an der Leine zu gehen, zusammengestürzt ist, wieder ins rechte Lot kommt. Sollte der Hund zuerst an gespannter Leine zurückbleiben, dann zerren Sie ihn nicht nach vorn zu sich, sondern drehen Sie ihm das Gesicht zu. Verkleinern Sie Ihre für ihn sichtbare Oberfläche, indem Sie sich bük-

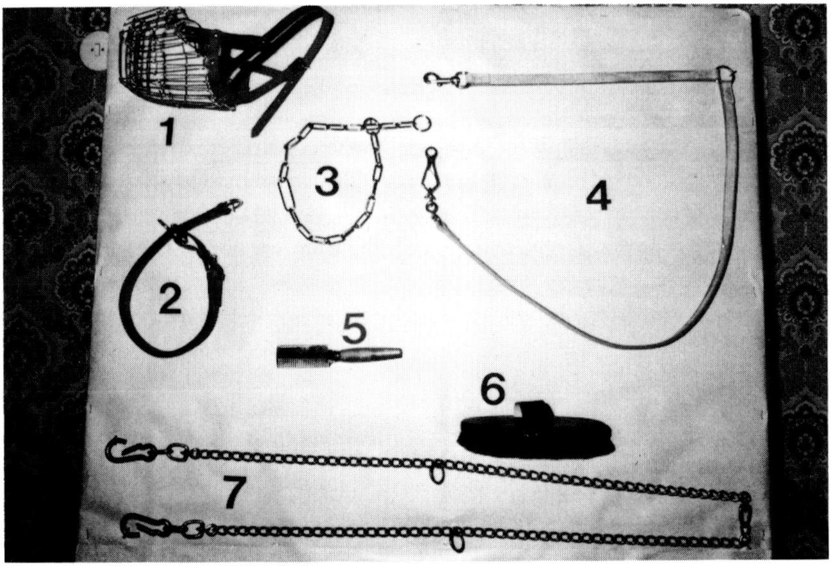

Die Ausrüstung für den Rottweiler: 1 Maulkorb, 2 Lederhalsband, 3 Kettenhalsband, 4 Führerleine (Chromleder) mit Zangen und Schiebekarabiner, 5 Kamm, 6 Bürste, 7 Zwingerkette mit drehbaren Karabinerhaken.

ken, gehen Sie mit raschen kleinen Schritten vom Hund weg. Lächelnd locken Sie ihn dann mit hoher Stimmlage und dem Wort »Hiiier« zu sich. Halten Sie die gespannte Leine anfangs ruhig, erst nach dem dritten oder vierten Hörzeichen ziehen Sie langsam den Welpen unter andauerndem Loben zu sich. Ist er bei Ihnen angekommen, bleiben Sie in gebückter Haltung, loben und streicheln den verschüchterten Kleinen. Anschließend machen Sie wie beschrieben weiter.
Mit Fortdauer der Erziehung lassen Sie den Hund nicht mehr von einer Seite auf die andere pendeln, sondern ziehen ihn mit der Leine an Ihre linke Körperseite. Zieht der Hund nach vorn oder zur Seite, dann geben Sie ihm einen kräftigen Leinenruck und gleichzeitig das Hörzeichen »Fuß«. Man muß gerade bei dieser Übung sehr viel Geduld haben, denn es dauert schon eine geraume Zeit, bis der junge Hund begriffen hat, was von ihm verlangt wird. Zu Hause angekommen, nehmen Sie dem Hund das Halsband herunter, loben ihn und lassen ihn zusehen, wo sie das Halsband hinhängen. Im Kapitel Zimmerreinheit wurde schon beschrieben, daß der Hund regelmäßig, hauptsächlich nach den Mahlzeiten, ausgeführt werden muß. Dabei ist die Summe der Bewegungen nicht so groß, daß körperlicher Schaden entstehen kann. Nach der Fütterung muß der Hund hinaus und sich lösen, das ist klar – aber anschließend hat er auf seinem Platz zu schlafen. Denn wie beim Kleinkind ist Ruhe nach der Mahlzeit oberstes Gebot. Wir müssen daher auch unsere Spaziergänge so wählen, daß der Welpe oder Junghund nicht unmittelbar nach der Mahlzeit mit vollem Magen weite Spaziergänge macht. Darunter leiden sämtliche Bänder und Sehnen, es kann später zu weichem, durchhängenden Rücken, nachgebendem Vordermittelfuß und losen Schultern kommen.

Richtiges Verhalten im Straßenverkehr

Hat der Welpe gelernt, daß Halsband und Leine keine Unannehmlichkeiten für ihn bedeuten, so müssen wir ihn an den heute recht aufregenden Straßenverkehr gewöhnen – egal, ob man in der Stadt oder auf dem Lande wohnt. Je früher der kleine Rottweiler an dieses Problem herangeführt wird, desto besser. Der Hund hat im Straßenverkehr immer an der Leine zu sein. Sollte er auf Fahrzeuge, Menschenmengen oder Geräusche mit Angst reagieren, so zwingen Sie ihn nicht zum Weitergehen, sondern las-

Rottweiler mit drei Kätzchen – von Feindschaft keine Spur.

sen Sie ihm Zeit, die optischen und akustischen Eindrücke des Straßenverkehrs zu verarbeiten. Beruhigen Sie ihn, bevor Sie weitergehen. Wenn Sie eine Straße überqueren wollen, ist es von Vorteil, den Hund an der Gehsteigkante mit der Leine zurückzuhalten und dabei das Hörzeichen »Halt« lang und gedehnt auszusprechen. Lassen Sie den Hund ruhig warten – gleich, wieviel Fahrzeuge oder Passanten an ihm vorüberkommen. Wenn Sie den Hund – sobald er sich anschickt, vom Bordstein herunterzusteigen – mit »Halt« abbremsen, wird er bald warten lernen und dann mit Ihnen gemeinsam weitergehen, wenn er das Hörzeichen »Fuß« gehört hat.

Vor Rolltreppen muß gewarnt werden. Meist ist es auch verboten, sie in Begleitung des Hundes zu benutzen. In den Zwischenräumen zwischen den Stufen, die sich ständig bewegen, können sich die Hunde leicht die Pfoten gefährlich einklemmen.

Das Spielen

Wir wissen bereits, daß sich unser Welpe in der Sozialisierungsphase befindet. Er lernt dann, sich auch im Spiel richtig einzuordnen und zu benehmen. Außerdem entwickelt er nun wegen des Zahnwechsels einen enormen Beißtrieb. Wir geben ihm deshalb zum Kauen möglichst große Büffelhautknochen. Wir spielen mit ihm auch mit quietschenden Gummipuppen und Bällen, die allerdings immer so groß sein müssen, daß er sie unter keinen Umständen schlucken kann. Wir beschäftigen uns viel mit unserem Rottweiler, gehen oft spazieren, überlassen ihn auch zeitweise sich selbst, damit er ungestört auf Entdeckungsreisen gehen kann. Doch auch während des Spieles – ob im Haus oder Garten – müssen wir stets der Rudelführer bleiben. Auch im noch so putzigen Spiel darf nie unser kleiner Rottweiler über uns die Oberhand gewinnen. Natürlich sieht es recht drollig aus, wenn das dicke Bündel uns böse anknurrt und uns recht angriffslustig zwickt. Dieses Benehmen könnte man zur Not beispielsweise noch von einem Dackel oder Pudel tolerieren. Ihr Maximalgewicht im ausgewachsenen Zustand von ungefähr acht bis zehn Kilo wird uns selten Probleme bereiten. Ganz anders bei unserem Rottweiler. Es ist fast unmöglich, 30 bis 40 Kilogramm zu bändigen. Und ein Biß, auch wenn er spielerisch gemeint ist, hat sicherlich böse Folgen. Wir achten deshalb schon im Welpenalter darauf, daß unser Rottweiler in seiner Rolle bleibt. Wir üben, ihn sanft auf den Rücken zu rollen, und kraulen ihn dabei. Sollte er sich das nicht gefallen lassen – ein Griff am Hals, natürlich nicht fest, aber umso bestimmter, zeigt ihm wieder seinen »Standort«. Wir nehmen ihm das Spielzeug mit einem energischen »Aus« aus dem Maul, auch einen Knochen. Wir greifen öfter ins Maul und kontrollieren die Zähne. Diese Übung machen wir auch im Hinblick auf künftige Ausstellungen. Wenn unser Rottweiler gewohnt ist, sich freiwillig ins Maul greifen zu lassen, kann ihn das unter Umständen auch vor Schaden bewahren, beispielsweise wenn sich ein Fremdkörper zwischen den Zähnen eingeklemmt hat und wir ihm sofort helfen können. Das erspart so manchen Kampf beim Tierarzt.

Spiel mit anderen Hunden. Bei unseren Spaziergängen wird unser Rottweiler sicherlich auch anderen Hunden begegnen. Wird er bei uns zu Hause im Rudel gehalten, wird er sich auch außerhalb des Hauses richtig

Rottweiler mit schön gezeichnetem Brand.

Vier gegen einen – wer gewinnt hier?

zu verhalten wissen. Beim Einzelhund achten wir darauf und weisen ihn auch – wenn nötig – zurecht. Wir achten aber auch darauf, daß er nicht an den Falschen gerät. Es gibt leider eine Menge Artgenossen, denen das natürliche Instinktverhalten abhanden gekommen ist und die sich aggressiv benehmen. Wir meiden solche Hunde, denn »schlechte Beispiele verderben gute Sitten«, und wir wollen unseren Rottweiler nicht zum Raufer und »Killer« von kleinen Hunden erziehen.

Spiel mit Kindern. Wächst unser Rottweiler mit Kleinkindern auf, müssen wir eher den Rottweiler vor den Kindern schützen als umgekehrt. Kleinkinder fügen in ihrem Ungestüm und ihrer Neugierde dem Hund oft Schmerzen zu. Der Rottweiler als kinderliebender Hund wird sich lange die Quälereien gefallen lassen, doch irgendwann kommt der Moment, wo es ihm zu dumm wird und er sich wehrt. Dann können wir unserem Rottweiler keine Schuld geben. Also Kleinkinder früh genug darüber aufklären oder nur unter Kontrolle mit dem Hund spielen lassen!

Die Platzübung

Unser Rottweiler ist nun zwölf Wochen alt, hat sich zu Hause gut eingewöhnt, ist schon ein recht selbstbewußter kleiner Kerl und zu manchem Schabernack aufgelegt. Nun ist es an der Zeit, ihm die sogenannte Platzübung beizubringen. Man nimmt den Hund ruhig beim Halsband oder drückt mit der Hand am Widerrist, das ist jene Stelle am Hundekörper, wo der Hals in den Rücken übergeht, plötzlich in Richtung Fußboden – und mit dieser direkten Einwirkung verbindet man nun gleichzeitig das ruhig, aber scharf gesprochene Hörzeichen »Platz« oder »leg dich«. Da der Welpe zu diesem Zeitpunkt noch nicht weiß, um was es geht, wird er dieser direkten Einwirkung je nach Wesensveranlagung mehr oder weniger Widerstand entgegensetzen. Diesem Widerstand müssen Sie sofort ruhig, aber bestimmt mit einem neuerlichen Niederdrücken unter gleichzeitig ruhig gegebenem Hörzeichen entgegenwirken. Wichtig bei der Platzübung: Sobald der Hund die von Ihnen gewünschte Handlung ausgeführt hat, muß blitzschnell die direkte Einwirkung – das Niederdrücken mit den Händen – aufhören und das intensive Belohnen mit Stimme und Händen beginnen.

Zwei, die sich gut verstehen.

Abgewöhnen des Anspringens

Es würde ja den meisten Rottweiler-Besitzern nichts ausmachen, und es ist ja so liebenswert, wenn der Welpe oder Junghund seine Anhänglichkeit und Freude so zeigt, daß er vor lauter Liebe an uns hochklettern möchte. Nur muß man eins bedenken: Er bleibt nicht so klein. Und es ist nicht angenehm, wenn man von einem Theaterbesuch abends in eleganter Kleidung nach Hause kommt, der Hund hingegen aus dem regennassen Garten, die Begrüßung jedoch auf die geschilderte Weise stattfindet.
Dem jungen unerfahrenen Rottweiler soll man aber hier nicht zuviel verwehren, da sonst eine gewisse Unsicherheit des Hundes dem Menschen gegenüber bemerkbar wird. Er muß mit uns spielen können, sonst bekommt er kein Vertrauen. Der Rottweiler wird bald verstehen, wann ihm das Anspringen noch erlaubt ist und wann nicht. Wenn Sie das Anspringen in einem bestimmten Moment nicht erlauben wollen, weisen Sie ihn

Unser Rottweiler als Leistungssportler.

ruhig aber bestimmt ab, indem Sie die Vorderpfoten des Hundes mit Ihrer linken Hand abfangen, dem Hund mit der rechten flachen Hand einen leichten Klaps auf sein linkes Schulterblatt geben und selbst nach rechts ausweichen. Im selben Augenblick können Sie mit Betonung auf »Nein, nicht anspringen« den Hund zum sofortigen Einstellen seiner Handlung veranlassen. Über längere Zeit systematisch geübt, wird der Welpe bald das gegebene Hörzeichen und die vorgestreckte Hand verstehen und sich richtig verhalten. Wenn Sie das Anspringen niemals erlauben, müssen Sie dem Hund statt des Hörzeichens »Nein, nicht anspringen« das Hörzeichen »Pfui« geben, die Abwehr bleibt dieselbe.

Der Hund lernt das Kommen

Wenn der kleine Rottweiler in die Familie aufgenommen worden ist, muß er von Anfang an lernen, daß er kommen soll, wenn man nach ihm ruft oder pfeift. Er soll dabei nicht erst lange nachdenken oder die Umgebung betrachten, bis er sich entschließt. Am besten erreicht man dieses Ziel, wenn man den Hunger des Kleinen ausnutzt. Wenn die Fütterungszeit gekommen ist, wird man ihn mit Namen und dem Hörzeichen »Hier« liebelnd und mit etwas höherer Stimmlage rufen. Sobald der Welpe kommt, entfernt man sich mit der Futterschüssel. Der Welpe läuft jetzt hinterher, man lobt ihn ausgiebig und gibt ihm sein Futter. Später läßt man den Welpen von einer anderen Person halten, geht einige Meter mit der Futterschüssel weg, verkleinert seine Oberfläche, indem man sich bückt, und ruft den Hund wieder zu sich, lobt ihn ausgiebig und gibt ihm sein Futter. Dies sollte sobald wie möglich, auch unter Ablenkung durch andere Hunde, Menschen und zu anderen Zeiten geübt werden. Dem Hörzeichen kann man noch in Kombination einen Pfiff beigeben, so daß der Hund einmal auf Ruf, das andere Mal wieder nur auf Pfiff kommen muß.
Sobald Sie im Freien sind, kann es ohne weiteres vorkommen, daß der kleine Rottweiler trotz der in Haus und Garten gezeigten guten Ohren schwerhörig geworden ist. Nehmen Sie eine Handvoll gewaschener, kleiner Rundkieselsteine in der Hosen- oder Manteltasche mit. Sollte der Welpe den Ruf »Hiiier« nicht hören, weil ihn etwas anderes dringend interessiert, überzeugen Sie sich, daß er Sie nicht anschaut, und werfen Sie eine kleine Anzahl der Kieselsteine auf ihn. Sie dürfen ihn nur leicht am

Körper treffen, niemals am Kopf, auch darf er nicht merken, daß Sie die Kieselsteine geworfen haben. Sobald er getroffen ist, wird er etwas verunsichert sein, da er nicht weiß, aus welcher Richtung die Geschosse kamen. Diesen Augenblick nutzen Sie aus und rufen ihn sofort wieder. Diesmal kommt er bestimmt. Selbstverständlich wird er dafür ausgiebig gelobt.

Auch das Warten wird geübt

Der Hund soll lernen, daß er auf Anordnung seines Hundeführers überall auf diesen zu warten hat. Es hat aber keinen Sinn, dies dem Hund zu erklären, sondern er muß während der Erziehung merken, daß sein Herr immer wieder zurückkommt, ihn persönlich abholt und auch belohnt. Das unbedingte Vertrauen des Hundes ist das Wichtigste bei dieser Übung, denn sobald Mißtrauen aufkommt, wird es schwierig, eine akzeptable Leistung vom Hund zu verlangen. Geübt werden darf nur in einer dem

Das Springen durch den Ring muß auch geübt werden.

Rottweiler in wartender Haltung.

Hund vertrauten Umgebung: in der Wohnung, im Garten, beim Auslaufen, also überall dort, wo der Hund das mögliche Mißtrauen gegenüber neuer Umgebung abgelegt hat. Das Ziel dieser Übung besteht darin, den Hund das Verweilen und Warten ohne Anwendung von Gewalt zu lehren.
Der Hund wird mit einer dünnen, mit drehbarem Karabiner versehenen Zwingerkette an einem fixierten Punkt wie Kastenfuß, Gartenzaun oder Baum angeleint. Man beruhigt ihn, während man ihn anleint, geht dann einige Schritte vom Hund weg und bleibt stehen. Nach einigen Augenblicken geht man langsam auf und ab und spricht beruhigend »Waaarten«, bleibt aber ständig im Gesichtsfeld des Hundes. Sollte der Hund unruhig werden, an der Leine zerren oder bellen, so wirkt man sofort mit dem Hörzeichen »Waaarten« ein, geht aber nicht zum Hund zurück.
Sobald sich der Hund beruhigt hat, geht man langsam zu ihm zurück, streichelt ihn, lobt ausgiebig und geht wieder mit dem Hörzeichen »Waaaarten« auf einige Entfernung weg. Wie der Hund wartet, ob im Liegen, Sitzen oder Stehen, ist vollkommen unwichtig. In späterer Folge

wartet man immer längere Zeit und geht weiter weg, bis man sich zum Schluß ganz aus dem Gesichtsfeld des Hundes begibt. Wichtig ist es, dem Hund das absolute Vertrauen zu geben, daß der Hundeführer immer zurückkommt und den wartenden Hund abholt. Wenn man die Übungen beendet, geht man zum Hund zurück, leint ihn erst an die Führerleine an und geht dann mit dem Hörzeichen »Fuß« weg. Anschließend lobt man den Hund und läßt ihn dann austoben.

Abgewöhnen des Stehlens

Der Welpe wie wahrscheinlich jeder Hund aller Altersklassen neigt, wenn ein Stück Fleisch, Wurst oder etwas Käse für ihn auf dem Küchentisch erreichbar liegt, zum Stehlen. Das Abgewöhnen des Stehlens geschieht mit vielen Methoden. Eine davon ist die folgende, die bisher sehr gut funktioniert hat und auch noch anwendbar ist, wenn der Hund schon einmal in dieser Situation war.

Man nehme einige Mausefallen, ziehe Gummihandschuhe an und umwickle mit einem Isolierband den scharfen Schlagbügel der Falle. Dann befestige man einige Leckerbissen an der Falle, stelle sie auf dem Tisch in der Küche oder bei der Sitzgarnitur im Wohnzimmer auf, beschwere die Mausefalle mit einem Buch oder verstecke sie etwas. Anschließend lasse man den Hund in die Küche oder das Wohnzimmer und beachte ihn nicht. Er wird in kurzer Zeit den Geruch des Leckerbissens in der Nase haben, Witterung aufnehmen und den begehrten Futterbrocken bald orten. Nun wird es für uns Zeit, den Raum zu verlassen. Man schließt die Tür nicht ganz. Nach einiger Zeit wird man die Mausefalle schnappen hören. Man wartet noch einige Augenblicke, um dann ganz harmlos den Raum zu betreten. Man muß deshalb nachschauen, weil sich manche Hunde nach einiger Zeit zur entspannten Mausefalle trauen und den Futterbrocken verspeisen. Zunächst aber wird unser Hund ganz verdattert in einer Ecke sitzen und uns beim Eintreten herzlich begrüßen. Loben Sie ihn. Schauen Sie die Mausefalle nicht an, bringen Sie den Hund hinaus und räumen die Mausefalle fort. Aber bitte nur mit Gummihandschuhen (Einmal-Plastikhandschuhen) anfassen, damit kein Geruch von Ihnen daran haftet. Lassen Sie einen oder zwei Tage vergehen und wiederholen Sie dann diese Übung kurz vor der Fütterung, wenn der Hunger am größten ist.

Pflege des Rottweilers

Körperpflege

Zum Wohlbefinden unseres Rottweilers ist die regelmäßige Pflege des Haarkleides und dadurch auch der Haut unbedingt notwendig. Durch das regelmäßige Pflegen wird erreicht, daß das abgestorbene Haar rechtzeitig aus dem Hundefell entfernt wird und so nicht die Wohnung und den Zwinger verunreinigt. Der Haarausfall wird zur Zeit des normalen Haarwechsels am stärksten sein. Das intensive Pflegen des Hundefelles bewirkt nicht nur die Entfernung der absterbenden und ausgefallenen Deckhaare und der Unterwolle, sondern sorgt auch dafür, daß sich keine Hautparasiten ausbreiten können. Gleichzeitig wird auch eine gute Durchblutung der Haut erreicht, und die Haare werden besser mit den notwendigen Substanzen versorgt. Sie werden feststellen, daß das Haarkleid nach regelmäßiger Pflege, wenn der Hund gesund ist, einen schönen Glanz bekommt.

Zur Pflege verwendet man in der Regel Bürste und Hundekamm. Beim Kauf sollte man am besten eine Bürste mit harten, kurzen Naturborsten wählen. Bei der Wahl des Hundekammes nehme man nur einen mit weit auseinanderstehenden, stark abgerundeten Zinken. Stehen sie zu eng, dann reißen sie zuviel Unterwolle und Deckhaare heraus. Spitze Zinken können die Haut verletzen und eventuell zu Ekzemen führen. Es hat sich bewährt, den Hund erst mit den Fingerspitzen gegen den Haarstrich kräftig zu streichen, anschließend mit der Hundebürste in dosierten, wellenförmigen Bewegungen gegen den Haarstrich zu bürsten. Zum Schluß wird der Hund mit dem Hundekamm in Richtung des Haarstriches gekämmt.

Das Baden des Rottweilers ist bei regelmäßiger Pflege des Haarkleides nicht notwendig. Wollen Sie aber trotzdem den Hund einmal baden, dann verwenden Sie nur ein geeignetes Hundeshampoo. Nach gründlichem Abspülen des Hundefelles vom Seifenschaum lassen Sie den Hund in einem zugfreien, warmen Raum trocknen. Im Sommer gehen Sie am besten mit dem Hund in der freien Natur spazieren.

Es hat sich auch bewährt, bei Rottweilern die Ohren regelmäßig zu reinigen. Die einfachste Methode ist, den Hund seitlich ausgestreckt hinlegen zu lassen, so daß der Kopf seitlich schön aufliegt. Dann nehmen Sie beispielsweise Dokomalen oder 2%igen Tanninspiritus, der handwarm langsam in die Gehörgangsöffnung eingebracht wird. Reden Sie dem Hund gut zu und massieren Sie ganz leicht mit den Fingerspitzen die äußere Ohrmuschel. Lassen Sie den Hund dann aufstehen und sich schütteln. Nachher entfernen Sie vorsichtig das eventuell losgelöste Sekret aus der inneren Ohrmuschel. Es macht wohl einige Mühe und erfordert Training mit dem Hund, aber die regelmäßige Pflege des inneren Ohres ist genauso wichtig wie die Haarpflege.

Augen-, Zahn- und Krallenpflege

Es kommt vor, daß der Hund am inneren Augenwinkel einen hellen Schleimtropfen absondert. Er ist ungefährlich und kann ohne Bedenken entfernt werden. Sollte sich aber die Bindehaut entzünden (stark rötlich)

Am Abrichteplatz. Eine Übung mit dem Scheintäter.

oder ein eitriger Augenausfluß vorhanden sein, ist tierärztliche Behandlung angebracht.
Die Zahnpflege geschieht bei einem richtig ernährten Hund von selbst. Voraussetzung ist, daß der Hund täglich ein Stück hartes Brot, Hundekuchen oder ab und zu Kalbsknochen bekommt. Sollte sich trotzdem beim Rottweiler zuviel Zahnstein am Gebiß ablagern, kann der Tierarzt diesen mit einem Ultraschallgerät schmerzlos entfernen.
Die Krallenpflege ist nur bei den Rottweilern notwendig, die sich das nachwachsende Krallenhorn nicht ablaufen. Man besorgt sich eine Krallenzange oder feilt die Zehennägel mit einer groben Eisenfeile. Dabei beachte man, daß man nicht das sogenannte Leben des Zehennagels verletzt. Es kommt dann zu blutenden, schlecht verheilenden Verletzungen. In den Wintermonaten, wenn bei uns häufig Streusalz auf den Straßen und Gehsteigen verwendet wird, ist es empfehlenswert, dem Rottweiler nach dem Spaziergang die Pfoten mit lauwarmen Wasser zu reinigen. Es ist nämlich durchaus möglich, daß Streusalzreste an den Pfoten Entzündungen hervorrufen. Sollte dies der Fall sein, so sind nach dem Reinigen die Pfoten mit Hirschtalgcreme einzureiben.

Hüftgelenksdysplasie (HD)

Unter Hüftgelenksdysplasie versteht man eine krankhafte Veränderung der Hüftgelenke: Sie passen nicht richtig ineinander. Die Entstehung und Art der Vererbung dieser Erkrankung ist trotz intensiver Bestrebungen noch nicht restlos aufgeklärt. Die an HD erkrankten Hunde zeigen je nach Schwere der Erkrankung Bewegungsunlust, schweres Aufstehen, Schwächen an der Hinterhand, Schmerzen bei Sprungübungen. Eine Ausheilung ist nicht möglich, man behandelt derzeit die Sekundärerscheinungen. Eine einwandfreie Diagnose, ob Ihr Rottweiler Hüftgelenksdysplasie hat oder nicht, ist erst im Alter von ungefähr zwölf Monaten nach genauer Röntgenuntersuchung möglich.
Wir müssen zur Kenntnis nehmen, daß heute fast alle mittelgroßen, schweren Hunderassen von dieser Erkrankung befallen sind. Es werden derzeit gravierende züchterische Maßnahmen zur Bekämpfung der HD bei allen davon betroffenen Rassen durchgeführt. Auch weiterhin wird alles unternommen werden, um diese Form der Gelenkserkrankung beim Hund unter Kontrolle zu bringen.

Wenn Ihr Rottweiler diese Erkrankung haben sollte, dann verdammen Sie nicht den Züchter, den Rottweilerklub oder die Tierärzte. Jeder gibt sein Bestes. Sie können dem Hund sein Leiden erleichtern, indem Sie ihn schlank halten. Sie müssen ihm aber die Vitamine und Mineralsalze, Kalzium und Phosphor weiterhin in ausreichendem Maße geben. Lassen Sie den Rottweiler nicht springen, und wenn er naß wird, reiben Sie ihn trokken. Sollte er trotzdem einmal an der Hinterhand hinken, so reiben Sie die beiden Kniegelenke bis hinauf zu den Hüftgelenken mit einem Sportliniment, beispielsweise »Trafuril« ein, das fördert die Durchblutung. Ihr Tierarzt wird bestimmt bei rechtzeitigem Besuch eine Schmerzlinderung herbeiführen können.

Die Hitze der Hündin

Im Alter von ungefähr sieben bis neun Monaten tritt bei unserer Rottweilerhündin die erste Hitze (Läufigkeit) auf. Sie dauert etwa 20 Tage. Später wird die Hündin durchweg alle sechs bis acht Monate hitzig oder läufig. Beim Beginn der »Hitze« merkt man, daß die Hündin sich in ihrem Verhalten etwas verändert, sie wird Harn in kleinen Mengen öfters absetzen. Äußerlich zeigt sich zunächst ein Anschwellen des Genitals. Sobald die Schwellung eintritt, muß man täglich kontrollieren, ob die Hündin einen Ausfluß aus dem Geschlechtsteil hat. Zu Beginn der Blutung ist der Ausfluß eine wässerige rote Ausscheidung. Diese Blutungen halten acht bis neun Tage an, dann nimmt der Ausfluß eine hellrote, ganz leicht bräunliche Färbung an, die ungefähr zwei bis drei Tage dauert. Der farbige Ausfluß hört dann auf, und ab dem elften bis zwölften Tag kommt nur mehr ein helles, lichtgrau wirkendes Sekret. Dies ist der Höhepunkt der Hitze. Die Hündin sollte, wenn eine Deckung geplant ist, binnen 48 Stunden einem Rottweilerrüden zugeführt werden. Wenn die kurze Zeitspanne, in der die Hündin dieses helle Sekret ausscheidet, übersehen wird, kann es vorkommen, daß sie keinen Rüden mehr annimmt. Sollte es mit Nachhelfen und Tricks doch zum Deckakt kommen, kann dies ohne weiteres vergeblich gewesen sein: Die Hündin bleibt leer.
Jedem Besitzer einer hitzigen Hündin muß eindringlich geraten werden, die Hündin während der Zeit der Läufigkeit sorgfältig zu verwahren und zu beaufsichtigen, da sich die bravste und folgsamste Hündin gerade in

diesen kritischen Tagen gern unerlaubt mit absoluter »Schwerhörigkeit« empfiehlt, um nette Partner in jeder Zahl und Rasse zu suchen, die sie auch garantiert findet.

Verhalten bei einer ungewollten Deckung

Wenn die Hündin nach so einem »Liebesausflug« zurückkommt, bitte keine Gewalt – nicht schreien oder ärgern. Der Fehler liegt einzig und allein bei Ihnen. Sollten Sie zufällig Zeuge eines Deckungsaktes werden, dann fassen Sie sich bitte in Geduld, er kann bis zu 40 Minuten dauern. Schreien, scharfer Wasserstrahl oder was sonst noch vorgeschlagen wird, nützen nichts. Hat der Rüde sein Glied einmal in die Scheide eingeführt, ist er durch den sogenannten Knopf – ein Anschwellen des vorderen Teiles des Gliedes – untrennbar mit der Hündin verbunden. Vor allem darf nicht versucht werden, die Hunde auseinanderzureißen, denn die Verletzungsgefahr für Hündin und Rüden ist sehr groß. Einziges Rezept: Abwarten und dann mit der Hündin zum Tierarzt. Dieser kann mit einer Hormonkur helfen, Ihre Rottweilerhündin wird nicht trächtig.
Es sei noch angemerkt, daß es ein weit verbreiteter Irrtum ist, die Hündin sei nach einem Mischlingswurf »verpatzt« – das gehört in die Welt der Ammenmärchen. Sehr wohl ist es aber möglich, daß es nach gewollter Deckung durch unsere Unaufmerksamkeit zu weiteren ungewollten Dekkungen kommen kann. Wir erhalten dann einen kunterbunten Wurf von reinrassigen Rottweilern und Mischlingswelpen. Also auch noch nach einer gewollten Deckung aufpassen, bis zum Ende der »Läufigkeit« die Hündin unter den sogenannten »Quargelsturz« stellen.
Wenn die Hündin in der Wohnung oder im Haus gehalten wird, ist es ratsam, ihr ein im Fachhandel erhältliches »Hoserl« anzuziehen. Zur Vermeidung des »Läufigkeitsgeruches« (Lockgeruch für Rüden) können Chlorophylltabletten, beispielsweise »Dog stop«, gegeben werden.

Ausstellungen

Noten für Schönheit

Beim Lesen der Hundefachzeitschrift, im Gespräch mit Hundefreunden beim Klubabend oder am Abrichteplatz wird uns mancher Hund als »Champion« vorgestellt. Wir erfahren, daß es Ausstellungen und Schauen gibt, bei denen es um das nationale oder auch um das internationale Schönheits-Championat geht. Was wird nun auf unseren Ausstellungen verlangt? Geprüft wird das Erscheinungsbild des Hundes und seine Übereinstimmung mit dem FCI-Standard. Laut Reglement der FCI werden folgende Noten vergeben:

- »Vorzüglich« an Hunde mit sicherem Wesen, die den vom zuständigen Spezialverein aufgestellten und von der FCI anerkannten Rassekennzeichen (dem Standard) vollständig entsprechen.
- »Sehr gut« an Hunde, die typisch in ihrem Erscheinungsbild, sicher im Wesen, in Gebäude, Stellung und Gangart tadellos sind und keine Gebrauchsfehler aufweisen. Leichte Schönheitsfehler müssen durch besondere Vorzüge ausgeglichen sein.
- »Gut« an Hunde ohne Gebrauchsfehler und ohne grobe Schönheitsfehler.
- »Befriedigend« an Hunde mit leichten Gebrauchs- und Schönheitsfehlern in geringer Zahl.
- »Genügend« an Hunde mit allen wesentlichen Rassemerkmalen, aber gröberen Gebrauchs- und Schönheitsfehlern.
- »Nicht genügend« an Hunde mit gehäuften groben Fehlern oder Merkmalen der Entartung in Form oder Wesen. Außerdem wird noch das CAC vergeben (Anwartschaft auf das nationale Championat), und das CACIB (»Certifikat d'aptitude au Championat International de Beaute«), also die internationale Anwartschaft auf das Championat für Schönheit. Der dazu befähigte Preisrichter betrachtet zuerst die Gesamterscheinung des Hundes, es folgt eine Detailbeschreibung der einzelnen Körperteile, und schließlich wird der Rottweiler im Laufen beurteilt.

Um der Schönste zu werden, muß man viel zeigen.

Der Sinn einer Ausstellung liegt nicht in der Befriedigung der menschlichen Eitelkeit, sondern in der Darstellung des derzeitigen »Standortes« der Rasse.

Wenn man seinen Rottweiler zur Zucht verwenden will, schreiben die Rottweilerklubs mancher Länder eine Bewertung von »Vorzüglich« für den Rüden und »Sehr gut« für die Hündin vor, erworben auf einer nationalen oder internationalen Hundeausstellung. Die Rottweilerklubs anderer Länder verlangen eine sogenannte Zuchttauglichkeitsprüfung, die auch eine der Voraussetzungen zur Zuchtverwendung ist.

Für den Anfang begnüge man sich mit sogenannten klubinternen Pfostenschauen. Die Termine entnehme man den Fachzeitschriften. Unser kleiner Rottweiler kann hier schon in früher Jugend lernen, sich richtig zu bewegen und zu zeigen. Wir sammeln Erfahrungen, indem wir die anderen beobachten. In manchen Ländern werden schon halbjährige Hunde darauf trainiert, sich bei sogenannten Matches zu zeigen, die recht häufig veranstaltet werden. Diese Hunde stehen auch wie ein »Standbild« und es

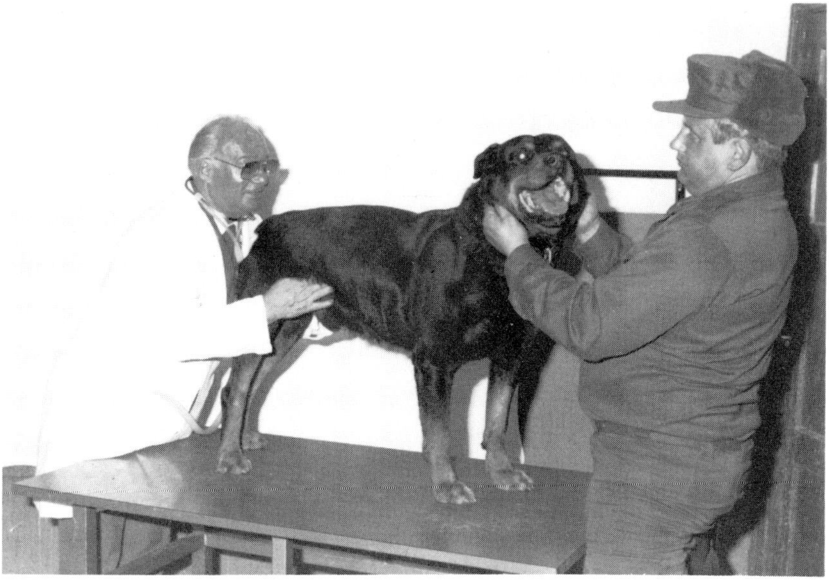

Vor der Ausstellung geht es erst zum Tierarzt.

ist ausgeschlossen, daß sich diese Hunde gegenseitig anbrummen oder sogar geifernd und beißend aufeinander losspringen.
Deshalb üben auch wir fleißig, um nicht solche »Extratouren« zu liefern. Unser Rottweiler muß sich die Zähne zeigen lassen, ohne sich am Boden zu wälzen. Er muß sich vom Preisrichter angreifen lassen, soll sich dabei aber ruhig und gelassen zeigen. Wir stellen unseren Hund nie mit dem Kopf gegen die Sonne, dadurch würde nämlich die Augenfarbe lichter erscheinen als sie tatsächlich ist. Wir lassen unseren Rottweiler von einer Person locken, das soll aber nicht unter Schreien und mit irren Verrenkungen geschehen, sondern mit leisem Zischen oder Papiergeraschel. (So unser Rottweiler verfressen ist, wird er sehr interessiert und aufmerksam dreinschauen.) Wir üben auch das Laufen an der locker durchhängenden Leine und achten darauf, daß der Rottweiler nicht in den Paßgang verfällt. (Vor- und Hinterhand der gleichen Seite gehen gleichzeitig nach vorn.) Besonders etwas zu gut gefütterte Rottweiler verfallen leicht in diese Gangart.

Um an solchen Ausstellungen teilnehmen zu können, muß man sich rechtzeitig anmelden. Die Anmeldeformulare liegen der Fachzeitschrift meistens bei, oder man liest im Ausstellungskalender und fordert dann bei den zuständigen Vereinen die Zusendung der Meldeformulare an. Daß man den Meldeschein korrekt ausfüllt, seinen Liebling auch in der richtigen Klasse (richtet sich nach Alter, Abrichtekennzeichen, bereits erworbenen Titeln) anmeldet und auch Kleingedrucktes liest und beachtet, ist erforderlich.

Vorbereitung

Nun, da wir uns entschlossen haben, unseren Liebling von einem anerkannten Richter beurteilen zu lassen, trachten wir danach, unseren Rottweiler in Hochform zu präsentieren. Wochen vorher betrachten wir seinen Futterzustand: ist unser Liebling zu fett? Nichts ist häßlicher als ein schwammiger und dadurch mit seinen Bewegungen unförmig wirkender Rottweiler. Ist er gar zu mager? Auch dieses Extrem läßt unsere Rasse nicht vorteilhafter erscheinen. Aber beides kann zeitgerecht behoben werden. Wenn nötig, lassen wir auch den Zahnstein entfernen. Die Fellpflege ist bei unserer Rasse unproblematisch und bedarf keines außerordentlichen Aufwandes. Das tägliche Bürsten und Kämmen ist eine Selbstverständlichkeit.
Zur Ausstellung selbst reisen wir rechtzeitig an, ein Erscheinen in letzter Minute mit hängenden Zungen von Besitzer und Hund ist der Situation nicht gerade förderlich. Vor der Abreise kontrollieren wir, ob wir die geforderten Dokumente mit uns führen. Wir nehmen außerdem eine Zwingerkette mit drehbarem Wirbel, eine Decke zum Einlegen in die Ausstellungskojen, einen Wassernapf und etwas Futter mit, für uns selbst einen Klappstuhl.

Im Ring

Wenn wir zur Bewertung aufgerufen werden, bemühen wir uns, so ruhig wie möglich zu bleiben, denn unsere Nervosität überträgt sich sofort auf unseren möglichen Champion-Anwärter, und den belastet die neue Umgebung ohnehin genug. Also ruhig und gelassen den Anweisungen des

Ringordners und natürlich auch denen des Richters folgen. Vorher oftmals geübtes Ringtraining kommt uns jetzt zugute.
Bedenken Sie immer: Jeder Richter bemüht sich, sein Bestes zu geben, jeden Hund auf das Korrekteste zu bewerten, und es bedarf starker Konzentration, sich immer auf jeden Hund neu einzustellen und dies alles in relativ kurzer Zeit. Machen Sie es dem Richter deshalb nicht unnötig schwer, lassen Sie den Hund ruhig stehen, damit ihn der Richter bestmöglich beurteilen kann. Immer wieder kann man beobachten, wie der Hund ums Herrchen tanzt und so jeden korrekten Beschreibungsversuch schon im Keim erstickt. Und dann das sogenannte Locken außerhalb vom Ring: Das muß gekonnt sein, sonst führt es zu unerwünschten Ergebnissen.
Schließlich halten Sie das Ergebnis in Händen, das sogenannte Bewertungsblatt. Auch wenn Ihr Gesicht jetzt lang wird, weil Sie sich mehr erhofft haben: bleiben Sie fair. Es ist kein Fehler, dem »Gewinner« zu gratulieren und sich beim Richter zu bedanken. Schließlich war das Ganze eine sportliche Veranstaltung. Zum Sport gehört Fairness, die man sehr oft erst lernen muß, und außerdem bleibt Ihr Rottweiler sowieso für Sie der Schönste und Beste.

Zucht

Eine allumfassende Darstellung des Themas »Zucht des Rottweilers« wäre an dieser Stelle doch zu umfangreich. Das Buch »Brevier neuzeitlicher Hundezucht« von Dr. Hans Räber kann als Fachbuch für den beginnenden, aber auch für den bereits züchtenden Liebhaber unserer Rasse genannt werden. Fragen hinsichtlich der Voraussetzungen für die Zucht kann natürlich auch der Rottweilerklub beantworten. Die folgende Einführung soll mit einigen grundsätzlichen Überlegungen beginnen:
Eine »Vermehrung« nur aus dem Grund, daß uns die Hündin lieb ist und auch Welpen haben soll, ist abzulehnen, weil dies für ihr Wohlergehen nicht notwendig ist und zudem bereits genug Fehler aus dieser Motivation

Eine anhängliche Gesellschaft.

heraus begangen wurden. Wenn man sich für die Zucht von Rottweilern entscheidet, muß man immer von dem Ziel ausgehen, daß eine Verbesserung der Nachkommen anzustreben ist. Dieses Zuchtziel setzt einen planenden, zielbewußten Züchter voraus, der der Rasse positive Impulse gibt und sie nicht nur vermehrt. Am Beginn seiner züchterischen Tätigkeit sollte man sich dennoch seine Ziele nicht zu hoch stecken, um zu viele Rückschläge zu vermeiden.

Bei der Zielsetzung sollte man in erster Linie versuchen, die inneren Werte der Rasse zu festigen und sogar zu steigern. Gleichzeitig muß man aber wissen, daß das unbedingte Streben nach körperlicher Schönheit auf Kosten der Gebrauchstüchtigkeit abzulehnen ist. Nur die Summe aus diesen Faktoren ergibt den guten Rottweiler. Wie geht man also am besten beim Aufbau einer eigenen Zucht vor? Indem man ehrlich zu sich ist und die Hündin oder den Deckrüden für sich genau betrachtet und prüft.

Man stelle sich folgende Fragen: Ist das Zuchttier ein typischer Rottweiler, hat es einen vorzüglichen Charakter, zeigte es in der Vergangenheit Wesensschwäche, wie war seine Erziehung, seine Ausbildung? Wie ist der Umgang mit ihm? Was mußte man langsam, behutsam lehren? Hat der Hund eine Gebrauchshundeprüfung, eine Körung? Wie sieht der Befund hinsichtlich der Hüftgelenke aus? Bei der genauen Prüfung muß man auch den Körperbau, die Substanz der Knochen, die Proportionen und die Stellung der einzelnen Teile zueinander beachten. Wichtig sind auch geschlossene, kräftige Pfoten mit straffem Vordermittelfuß. Der korrekte Stand und die Winkelung an der Vorder- und Hinterhand sind zu beachten, ebenso straffer, gut bemuskelter Rücken, gute Lagerung des Schulterblattes und der Kruppe, ausgreifendes, korrektes Gangwerk.

Auf ein vollständiges, einwandfrei schließendes Scherengebiß mit gesundem Zahnzustand ist besonderer Wert zu legen. Der Lidschluß soll einwandfrei sein, die Augenfarbe bei unserem Hund muß möglichst dunkel sein. Wenn man hier von Beginn an zu helle Augen in seine Blutlinien gezüchtet hat, wird man in den Filialgenerationen mit Schwierigkeiten bei der Augenfarbe rechnen müssen. Ein Wegzüchten ist dann nicht so leicht möglich.

Der nächste Punkt, den wir unbedingt beachten müssen, ist der Charakter des Rottweilers. Das »Wesen« des Hundes muß bei der Zuchtauswahl immer im Vordergrund stehen. Dem vorzüglichen »Wesenshund« kann man ruhig einige kleine Schönheitsfehler nachsehen. Nur bei dem Charakter darf man keine Toleranz walten lassen. Unser Rottweiler muß sich leicht in die menschliche Gemeinschaft einfügen lassen, muß gutmütig sein, uns widerspruchslos gehorchen, wenn die Rangordnung hergestellt ist, und unsere Liebe zu ihm mit Anhänglichkeit erwidern. Außerdem muß er seine charakterliche und körperliche Belastbarkeit auf Gebrauchshundprüfungen und Körungen nach fachlicher Kontrolle unter Beweis gestellt haben.

Haben Sie sich diese Fragen ehrlich beantwortet, sind aber überzeugt, es sei richtig, mit diesem Rottweiler zu züchten, dann gehen Sie noch einen Schritt weiter: Erforschen Sie, ob die Eltern des von Ihnen zur Zucht in Aussicht genommenen Hundes auch dessen hervorragende Eigenschaften besitzen. Betrachten Sie auch seine Wurfgeschwister und – wenn vorhanden – deren Nachzucht. Wenn Sie diese Fragen halbwegs positiv beantworten können, haben Sie einen Rottweiler gefunden, mit dem zu züchten sich lohnt.

»Ives«, der Rottweiler und »Tine«, die französische Bulldogge.

Ein kleines Beispiel: Nehmen wir an, Sie sind Besitzer einer Hündin und möchten züchten. Sie suchen nach den angegebenen Kriterien einen passenden Deckrüden für Ihre Hündin. Sie kennen die Vorzüge, aber auch die Fehler Ihrer Hündin. Wenn Ihre Hündin zu helle Fellabzeichen besitzt, dann darf man unter keinen Umständen den Fehler machen, für die Hündin einen Deckrüden mit zu dunklem, verrußtem Brand zu verwenden. Die erste Filialgeneration aus dieser Paarung hätte die Fehler beider Elternteile. Heller Brand mit dunklem, verrußtem Brand ergibt leider niemals dunkelbraunen Brand.
Wichtig ist: Jeder anatomische und charakterliche Fehler eines Zuchtpartners ist in der Regel nur durch besondere Vorzüge des anderen auf demselben Gebiet auszugleichen.

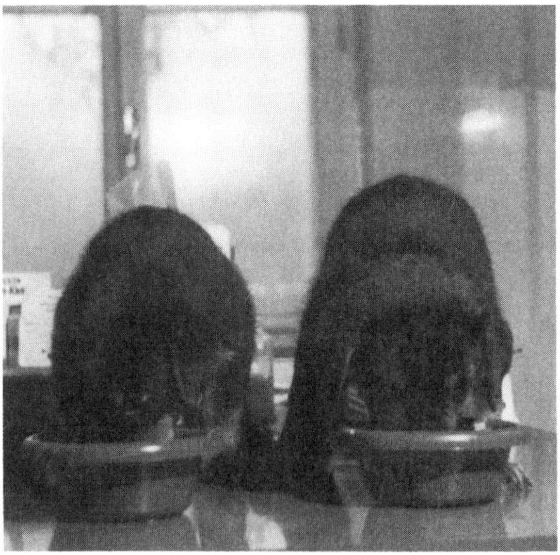

Wir fressen schon alleine, obwohl wir erst siebeneinhalb Wochen alt sind.

Ernährung

Die wildlebenden Ahnen unseres Hundes waren Jäger. Sie verzehrten ihre Beute mit Haut und Haar. Bevorzugte Leckerbissen waren die Innereien. Magen und Darm ihrer Beutetiere enthielten auch vorverdaute Pflanzen und wichtige Vitamine. Wölfe und Wildhunde fraßen also nicht nur Fleisch. Genauer wäre die Bezeichnung »Tierfresser«. Aus Untersuchungen des Mageninhaltes wissen wir, daß darüber hinaus praktisch alles auf dem Speisezettel stand, was die Natur bot: Früchte, Samen und Gräser, Frösche und Schlangen, selbst Insekten wurden verzehrt. Nur so konnten der Hunger gestillt und genügend Vitamine und Mineralstoffe aufgenommen werden.

Angemessene artgemäße Nahrung hat der Hundehalter seinem Hund nach dem Tierschutzgesetz anzubieten. Unkenntnis und falsch verstandene Tierliebe können leicht zu Tierquälerei führen: Der Hund ist kein Resteverwerter. Mit Süßigkeiten ist ihm nicht gedient. Falsche Ernährung kann Fettsucht, innere Erkrankungen oder Hautkrankheiten verursachen. »Angemessen« ist nur eine gesund erhaltende Nahrung. Die Freßgewohnheiten der Wildtiere zeigen, wie das Futter zusammengesetzt sein muß:

Fleisch ist die Ernährungsgrundlage. Es enthält neben Salzen, Geschmacksstoffen und Vitaminen vor allem Eiweiß. Reines Muskelfleisch oder Herz kann ebenso wie ausschließlich minderwertige sehnige, häutige oder knorpelige Teile zu Verdauungsstörungen führen. »Artgemäß« ist eine aus leichter und schwerer verdaulichen Bestandteilen gemischte Fleischgrundlage. Dazu gehört auch tierisches Fett. Es dient als Energiequelle. Ungesättigte Fettsäuren sind zur Gesunderhaltung nötig. Sie sind vor allem in Pflanzenölen enthalten.

Pflanzen enthalten neben Eiweiß, Vitaminen und Mineralstoffen vor allem Stärke und Zucker. Diese Kohlehydrate liefern ebenfalls Energie. Wichtig sind die für den Hund unverdaulichen Rohfasern. Sie sättigen, füllen den Darm und sorgen dadurch für eine geregelte Verdauung. Roh-

kost ist kaum verdaulich. Die Energiequellen müssen durch vorherige Erhitzung »aufgeschlossen« werden.
Rohfaserarme Pflanzenkost wie gekochter Reis wird fast vollständig abgebaut. Für den gesunden Hund ist eine Ergänzung der Fleischgrundlage durch aufgeschlossene rohfaserhaltige Pflanzenkost das Richtige.
Eine vielseitig zusammengesetzte Nahrung enthält auch Vitamine. Das sind Wirkstoffe, die für Stoffwechselprozesse wie Blutgerinnung, Nervenfunktion oder Infektabwehr benötigt werden, die der Körper jedoch selbst nicht produzieren kann. Mineralstoffe und Spurenelemente sind nicht nur für den Knochenbau, sondern auch für viele andere Stoffwechselprozesse unerläßlich.

Eine Wissenschaft für sich?

Erhaltungs- und Leistungsbedarf, Nährwerttabellen, Kalorien und Joule – das ist schon eine Wissenschaft für sich –, beflügelt durch die Futtermittelindustrie. Bei allem Respekt wundert sich der Praktiker, daß trotz Unkenntnis und Fehlern früherer Zeiten die Spezies Haushund nicht längst ausgestorben sind. Zum besserem Verständnis genügen folgende Überlegungen:
Der Körper des erwachsenen Hundes befindet sich in einem dauernden Umbau. Zur Erhaltung der Körpersubstanz sind daher Eiweißbausteine erforderlich, für die damit verbundenen Stoffwechselvorgänge Energielieferanten, Vitamine und Mineralstoffe. Das Futter soll in der Trockenmasse etwa ein Drittel Eiweiß, mindestens fünf Prozent Fett und höchstens die Hälfte Kohlehydrate enthalten.
Welpen und Junghunde brauchen für ihr Wachstum mehr Nahrung als gleich schwere erwachsene Hunde, bis zum sechsten Monat etwa doppelt so viel und dann immerhin noch fünfzig Prozent mehr. Ihr Futter soll zu zwei Dritteln, später mindestens zur Hälfte aus Fleisch und anderen Eiweißstoffen bestehen.
Diese Richtwerte gelten nur bei normaler Belastung. Besondere Leistungen erfordern eine Zulage. Als Fleischfresser kann der Hund zwar auch aus Eiweiß Energie gewinnen, die Ausbeute ist jedoch gering (und teuer). Zugelegt werden daher kohlehydrathaltige Futtermittel. Erhaltungs- und Leistungsbedarf sind praktisch nicht zu trennen. Bei Dauerarbeit kann bis zu viermal mehr Energie als bei Ruhe verbraucht werden.

Noch ein wenig zaghaft.

Die wichtigsten Grundregeln

Die Futterration kann nicht mit der Briefwaage abgemessen werden. Neben Alter und Leistung ist die individuelle Veranlagung des Hundes ausschlaggebend. Es gibt gute und schlechte Futterverwerter. Ein normal veranlagter, durchschnittlich beanspruchter erwachsener Rottweiler braucht täglich etwa 750 g Fleisch mit 200 g Flocken. Den gleichen Nährwert haben 1500 g Dosen-Vollnahrung oder 400 g Trockenfutter. Bei einem gesunden, gut ernährten Hund sollen die Rippen optisch nicht hervortreten, mit der flachen Hand aber noch fühlbar sein. So kann man »erfühlen«, ob etwas Futter zugelegt oder abgezogen werden muß.
Junghunde können die tägliche Futtermenge unmöglich auf einmal aufnehmen. Eine Magenüberladung wäre die Folge. Knochen, Bänder und

Gelenke würden zu stark belastet und bleibende Schäden davontragen. Immerhin braucht ein halberwachsener, etwa 15 kg schwerer Rottweiler bereits genau so viel Futter wie sein ausgewachsener Artgenosse. Die Ernährung der Welpen erfolgt zunächst genau so, wie der Züchter es gehandhabt und dem Käufer empfohlen hat. Umstellungsbedingte Verdauungsstörungen werden so vermieden. Dem Welpen wird die Eingewöhnung erleichtert.

Bis zum Abschluß des Zahnwechsels mit etwa sechs Monaten erhält der Junghund täglich drei, später bis zum Abschluß des Wachstums mit etwa eineinhalb Jahren zwei Mahlzeiten täglich. Der Junghund darf zunächst noch etwas »Babyspeck« haben. Er hilft, Krankheiten besser zu überstehen. Mangelernährung in der Jugend ist kaum wieder gutzumachen.

Fresser werden nicht geboren, sondern erzogen: Der erwachsene Hund erhält täglich eine Mahlzeit. Was in einer Viertelstunde nicht aufgefressen ist, gehört in den Mülleimer. Wichtig ist eine regelmäßige feste Futterzeit, weniger wichtig, ob dies morgens, mittags oder abends ist. Stets soll jedoch der Hund nach dem Fressen ruhen, so wie es auch Wildtiere nach ergiebigem Mahl zu tun pflegen. Bei »Sport und Spiel« besteht die Gefahr, daß sich ein gefüllter Magen verdreht – eine lebensgefährliche Situation.

Das Futter soll vielseitig sein, damit es alle benötigten Nährstoffe enthält. Der Hund braucht aber keine Geschmacksabwechslung. Er kann durchaus dauernd das gleiche Futter erhalten, wenn dies optimal zusammengesetzt ist.

Fertigfutter – sicher, bequem und preiswert

Die Vorurteile gegen Fertigfutter sind überholt. Es entspricht in Eiweißanteil und sonstigen Inhaltsstoffen den wissenschaftlichen Erkenntnissen. Durch moderne Konservierungsverfahren werden Vitamine weniger geschädigt als durch haushaltsübliches Kochen. Krankheitserreger im Fleisch werden bei der Herstellung abgetötet. Ein weiterer Vorteil ist die praktische Vorratshaltung. Auf Reisen ist Fertigfutter die einfachste Futterlösung. Es ist nicht teurer als selbst zubereitetes Futter. Gegen Fertigfutter gibt es eigentlich nur einen Einwand: Artgemäßerweise frißt der Hund Rohes, nicht aber Gekochtes.

Dosenfutter enthält reichlich Eiweiß. Das Etikett muß genau gelesen werden: »Vollnahrung« enthält bereits pflanzliche Futtermittel und ist futterfertig. Zu »Fleischnahrung« müssen noch Flocken, Reis oder Gemüse zugemischt werden. Als vermeintlicher Nachteil werden vielfach die großen Kotmengen nach Verfütterung von Dosenfutter empfunden. Sie sind Folge des Rohfaseranteils und der damit verbundenen guten Darmfüllung. Geschwächte kranke Hunde reagieren bei plötzlicher Umstellung auf Dosenfutter gelegentlich mit Durchfall.

Fertigfuttermischungen aus Trockenfleisch und Nährmitteln werden mit warmem Wasser oder Brühe dickbreiig angerührt – eine unproblematische Futterzubereitung.

Trockenfutter. Keks- oder Ringform und Hundekuchen werden trocken verfüttert. Sie enthalten fünfmal weniger Wasser als normal feuchtes Futter. In einem Extranapf muß daher unbedingt Wasser angeboten werden. 200 g Trockenfutter haben etwa den gleichen Nährwert wie eine 850 g Dose Vollnahrung oder 400 g Fleisch und 125 g Flocken. Zusätzliche »Leckerlis« sind Dickmacher!

Fertigfutter ist nach dem Bedarf erwachsener Hunde zusammengestellt. Es enthält mit Ausnahme speziellen Welpen-Dosenfutters zu wenig Eiweiß für den wachsenden Hund. Trockenfutter hat meist einen niedrigeren Eiweißgehalt als Dosenfutter. Junghunde müssen daher eine Eiweiß-Zulage erhalten, zum Beispiel eine Fleischmahlzeit oder Zumischung von Fleisch oder Fleisch-Fertignahrung. Fertigfuttermischungen können auch mit Milch angerührt werden.

Eigener Herd...

Schwieriger ist es, seinen Hund mit selbst zubereitetem Futter zu ernähren. Man muß dazu einiges über Wert und Eigenschaften der Futtermittel wissen.

Fleisch ist teuer; Rinderpansen und Blättermagen, Herz, Fleischabschnitte, Maulfleisch, Leberabschnitte, Schlund, Milz und Nieren sind ein fast vollwertiger Ersatz. Euter, Lunge und »Schweineringel« sind nur bedingt und in kleinen Mengen geeignet. Besonders wertvoll ist »grüner« Pansen, ein roher, ungereinigter Rindermagen: Die Futterreste sind bereits vorverdaut und enthalten Vitamine, die aus dem Pflanzenfutter stammen oder im Pansen gebildet wurden. Haltbarer und weniger duftend ist der gereinigte und gebrühte »weiße Pansen«. Rohe Leber und rohe Milz haben eine abführende Wirkung und dürfen daher – je nach Kotbeschaffenheit – nur in kleinen Mengen zugegeben werden. Geflügelinnereien sollten stets gekocht werden, weil sie Durchfallerreger (Salmonellen) enthalten können. Die Fleischgrundlage sollte stets aus verschiedenen Bestandteilen bestehen. Bei einseitiger Zusammensetzung, zum Beispiel ausschließlich Pansen, können Eiweißbausteine fehlen, die der Hund braucht.

Andere Eiweißquellen können das Futter vervollständigen. Hunde mit gesunder Leber und Niere dürfen gelegentlich unverdorbenen Fisch, frei von harten Gräten, fressen. Junghunde bis zum sechsten Monat können täglich eine mit Milch hergestellte Mahlzeit erhalten. Bei älteren Junghunden muß Kuhmilch verdünnt werden. Erwachsene Hunde erhalten – wie in der Natur – keine Milch. Sie können den Milchzucker nicht verdauen. Der Darminhalt wird dadurch zu weich. Hauterkrankungen können die Folge sein. Besser als Kuhmilch sind Welpenmilch-Präparate, die auch von älteren Hunden vertragen werden. Auch rohes Eiklar kann der Hund nicht richtig verdauen. Rohes Eigelb ist dagegen vor allem für junge und kranke Hunde gesund und bekömmlich. Gekochte und gebratene Eier verträgt jeder Hund. Viele Hunde mögen auch Magerquark – eine wertvolle Ergänzung hochwertigen Eiweißes – besonders für Junghunde. Käse ist entgegen alten Vorurteilen nicht schädlich. Käserinden, Wurstpellen, Geräuchertes und Gewürztes gehören nicht in den Hundenapf.

Einkaufsmöglichkeiten für Futterfleisch bieten Hundefutterhandlungen und Fleischereien sowie Zoogeschäfte und Supermärkte. Frisches Futterfleisch ist leicht verderblich und sollte auch bei Kühlung nicht länger als zwei Tage aufbewahrt werden, gekochtes hält sich ein bis zwei Tage länger. In der Gefriertruhe kann man Fleisch etwa drei Monate aufbewahren, zweckmäßigerweise in dicht schließenden Plastikbeuteln portionsweise verpackt.

Die Zubereitung des Futters ist problemlos. Da der Hund sein Futter nicht kaut, sondern schlingt, wird das Fleisch in maulgerechte Happen geschnitten, aber nicht wie Hackfleisch zerkleinert. Viele Hundefutterhändler nehmen dem Käufer diese Arbeit ab. Das frische oder aufgetaute Fleisch wird mit heißem Wasser angebrüht. So bleibt es innen roh, wird aber leicht erwärmt. Eiskaltes Futter ist Gift für den Hundemagen.

Als pflanzliche Ergänzung können gekochte Haferflocken, Graupen oder Reis zugegeben werden. Einfacher geht es mit »Hundeflocken«, einem Gemisch getoasteter und daher verdaulicher Getreideerzeugnisse mit ausreichendem Rohfasergehalt. Zwei Maß Flocken werden einem Maß Fleisch mit warmem Wasser zugemischt. Das Futter soll dickbreiig, nie suppig sein. Junghunde erhalten Flocken und Fleisch zu gleichen Raumteilen. Von Fall zu Fall sollen die Flocken ganz oder teilweise durch Gemüse ersetzt werden, das mit einer Gabel zerdrückt wird. Es schadet nichts, wenn Essenreste leicht gesalzen sind. Der Hund braucht Kochsalz für eine einwandfreie Nierentätigkeit. Hülsenfrüchte und Kohl gehören allerdings nicht ins Hundefutter. Sie sind schwer verdaulich und verursachen Blähungen.

Mich kann nichts aus der Ruhe bringen.

Rohkost, insbesondere fein zerkleinerte Möhren und Äpfel, sind eine sättigende und vitaminreiche Futterergänzung. Auch gehackte Petersilie oder Kresse und frische Obst- und Gemüsesäfte vervollständigen das Vitaminangebot.

Zur Versorgung mit ungesättigten Fettsäuren – wichtig zum Beispiel für Haut und Haar – kann dem Futter einmal wöchentlich ein Teelöffel Pflanzenöl zugesetzt werden. Auch eine Scheibe Brot mit Pflanzenmargarine ist eine vorzügliche Ergänzung, insbesondere gut durchgebackenes Roggenbrot. Brot soll aber nie eingeweicht werden.

Für den Junghund ist eine ausreichende Vitamin D-Versorgung zur Verhütung der Knochenweiche (Rachitis) besonders wichtig. Überdosierungen sind aber schädlich. Anstelle des Lebertrans sollten daher genau dosierbare Vitamin D-Präparate nach tierärztlicher Verordnung gegeben werden. Bierhefe–Bestandteil vieler Hundeflocken – enthält auch Vitamine B. Für den jungen Hund ist die Zufütterung von »Futterkalk« für Wachstum und Knochenbau unerläßlich. Aber auch der erwachsene Hund braucht eine Mineralstoffergänzung, weil selbst zubereitetes Futter nicht alle Stoffe in ausreichender Menge enthält. Speziell für den Bedarf des Hundes zusammengestellte Mittel sind besser und billiger als Kalktabletten für Menschen.

Knochen enthalten Mineralstoffe, sind aber schwer verdaulich und können hartnäckige Verstopfungen verursachen. Ihr Wert liegt vor allem in der Gebißpflege und der »Gymnastik« für die Kaumuskulatur. In Maßen können daher Hunde mit gesunden Zähnen Kalbs- oder Rinderknochen erhalten. Hundekuchen oder Kauknochen aus Leder erfüllen allerdings den gleichen Zweck. Ältere Tiere mit Verdauungsproblemen oder Zahnkrankheiten müssen auf Knochen verzichten. Harte Röhrenknochen, vor allem vom Geflügel, können splittern und Darmverletzungen verursachen. Kottelettknochen können in der Speiseröhre steckenbleiben. Sie gehören in den Mülleimer.

Fastentage müssen wildlebende Fleischfresser oft einlegen. Für Hunde mit Übergewicht ist ein Fastentag in der Woche ein probates Mittel zum Abnehmen. An den übrigen Tagen darf er sich einmal täglich sattfressen. Seine fettarme Fleischgrundlage wird allerdings mit nährstoffarmer Lunge gestreckt und statt der Flocken erhält er Weizenkleie und Rohkost. Einfacher, aber teurer, ist ein Diät-Fertigfutter.

Wasser, immer frisch und sauber, nie eiskalt, muß dem Hund ständig zur Verfügung stehen. Ein gesunder Hund trinkt zwar bei normal feuchtem Futter kaum, muß aber doch bei Hitze, nach Anstrengungen oder zu bestimmtem Futter seinen Durst löschen können. Ständig stark vermehrter Durst ohne erkennbaren Grund ist ein Krankheitszeichen.

Patentrezepte

Fragt man zehn Hundeexperten, erhält man sicher wenigstens neun »bewährte, für diese Rasse einzig richtige« Ernährungsanleitungen, von denen acht völlig richtig sind. Trotz aller Erfahrung und wissenschaftlicher Akribie gibt es gottlob viele Möglichkeiten, seinen Hund artgemäß und ausreichend zu ernähren. Man muß nur die angeführten Ernährungsregeln mit Verständnis beachten – sei es mit Fertigfutter, sei es mit einem eigenen, auf Haushalt, Hund und Geldbeutel abgestellten Spezialrezept, sei es auch mit beidem.

Ein Futterplan für den Anfang. Halten wir uns vor Augen, daß unser anfangs noch so kleiner Rottweiler in drei Monaten das stolze Gewicht von etwa 24 bis 30 kg haben wird und daß nicht nur das Wachstum der Knochen, die Bildung der Muskulatur, sondern auch der Zahnwechsel in diesen Zeitraum fällt. Dann können wir ermessen, wieviel Aufbauarbeit dieser kleine Körper leisten muß und wie groß der Bedarf an Mineralstoffen und Vitaminen gerade in dieser Zeit ist. Jeder Mangel dieser Stoffe bringt irreparable Schäden mit sich. Wir müssen also der Ernährung größtes Augenmerk schenken. Rottweilerwelpen sollte man viermal am Tag füttern. Zur Vereinfachung: EL ist der Eßlöffel, TL der Teelöffel.

1. Mahlzeit: 1 Tasse Vollmilch mit Hundeflocken, 1 EL Rohzucker oder Honig, 1 EL phosphorsauren Futterkalk, 1 TL vitaminierte Mineralstoffmischung, bestehend aus Vitamin A, D3, E, B1, B2, B6, B12, Eisen, Kobalt, Magnesium und Mangan.
2. Mahlzeit: Feingeschnittenes Fleisch, etwas Röstbrot, gehacktes, überbrühtes Gemüse, 1 TL phosphorsauren Futterkalk, 1 TL Keimöl, 1 EL Hefeflocken, 1 EL Weizenkleie, 1 Messerspitze jodiertes Kochsalz.
3. Mahlzeit: etwas Vollmilch, etwas phosphorsauren Futterkalk, 1 EL Rohzucker, Hundeflocken.

4. Mahlzeit: feingeschnittenes Fleisch, Muskelfleisch überbrüht, Kutteln roh, doppelte Menge, mit gekochtem Reis oder Getreideflocken, 1 EL Weizenkleie, etwas Gemüse überbrüht, phosphorsauren Futterkalk, 1 EL vitaminierte Mineralstoffmischung, 1 EL Hefeflocken, 1 Messerspitze jodiertes Kochsalz.

Nach den Mahlzeiten ein- bis zweimal wöchentlich einen großen Kalbsknochen zum Knabbern. Einmal wöchentlich ein rohes Eidotter (ohne Klar). Statt Vollmilch kann man IPEVET oder WELPI-Hundemilch nehmen. Ab dem siebenten Monat reduziert man um eine Milchmahlzeit auf insgesamt drei Mahlzeiten.

Im Alter von zwölf Monaten wird die verbliebene Milchmahlzeit auch abgesetzt. Der Rottweiler wird jetzt bis zum Alter von 20 Monaten täglich zweimal gefüttert. Ab dem 20. Monat wird auf einmal täglich umgestellt. Es kann auch ab diesem Zeitpunkt einmal wöchentlich ein Fasttag eingeschaltet werden. Daß zuviel Fleisch dem Hund schadet oder daß er bei einem übermäßigen Fleischkonsum »scharf und bissig« wird, gehört in das Reich der Märchen.

Die Mengendosierung richtet sich nach der Freßlust des Hundes, doch sollten Extreme vermieden werden. Man stellt die Mahlzeit ungefähr 15 Minuten lang dem Hund zur Verfügung, dann kommt die Futterschüssel weg und bis zur nächsten Mahlzeit gibt es nichts. Unser Rottweiler soll in gutem Futterzustand sein, muskulös, kräftig, aber nicht fett. Leider werden gerade Rottweiler oft mit Mastschweinen verwechselt. Übergewicht führt aber zur Überdehnung der Bänder, zu Trägheit und Atembeschwerden und indirekt zu dem Ruf, der Rottweiler wäre bei hohen Temperaturen körperlich nicht belastbar.

Gesundheit

Vorbeugen ist besser als Heilen

Artgerechte Haltung, Pflege und Ernährung sind Voraussetzungen für die Gesundheit. Das seelische Wohlbefinden des Hundes ist so wichtig wie das körperliche. Der gesunde Hund nimmt aufmerksam und lebhaft Anteil an seiner Umgebung. Er ist kräftig und ausdauernd. In der Ruhe atmet er 10 bis 20 mal, das Herz schlägt 70 bis 100 mal in der Minute. Die Körpertemperatur liegt um 38,5° C. Gesundheit ist mehr als »Freisein von Krankheiten«, sie schließt Widerstandskraft gegen Infektionen ein.

Haarkleid und Haut sind nicht nur Schutz gegen die Unbill des Wetters. Stumpfes Haar und Haarausfall, unabhängig vom normalen Haarwechsel, deuten auf innere Erkrankungen hin. Die Haut soll frei von Schuppen und Rötungen sein, kein Juckreiz plagt den Hund.

Flöhe, Läuse und Haarlinge kann auch der gepflegteste Hund von einer Hundebegegnung mitbringen. Bei Juckreiz wird als erstes die Haut auf Flohstiche – bis zu linsengroße, geschwollene Rötungen – und das Fell auf

Hüteaufgaben besonderer Art für unseren Rottweiler.

Parasitenkot – kleine schwarze Pünktchen – abgesucht. Bei leichtem Befall genügt ein Flohpuder oder -spray.

Demodexräude. Eine der abscheulichsten Gefahren, besonders für junge Hunde, ist die Demodikose, durch Milben verursacht, die nicht auf der Haut, sondern im Haarbalg sitzen und darum sehr schwer zu bekämpfen sind. Die Erkrankung pflegt am Kopf zu beginnen und wird, da der Juckreiz gering zu sein scheint, meist erst erkannt, wenn die Haare ausfallen, die Haut sich abschuppt und Eiterpusteln auftreten. Bei Hunden, die durch Krankheit oder Zahnwechsel geschwächt und vitaminarm ernährt sind, ist es den Milben, wenn sie irgendwo verborgen sitzen, ein leichtes, den Hund zu überfallen. Die Erkrankung, früher unheilbar, ist heute durch tierärztliche Behandlung zu kurieren. – Auf Menschen wird sie nicht übertragen.

Zecken lassen sich aus dem Gebüsch auf den Hund fallen, beißen sich in der Haut fest und saugen sich mit Blut voll. Sie sehen dann wie prallgefüllte graubraune bis zu kirschkerngroße Säckchen aus. Zecken dürfen nicht einfach ausgerissen werden. Dabei können die Beißwerkzeuge in der Haut steckenbleiben und zu Entzündungen führen. Man betäubt die Zecke mit Alkohol oder hüllt sie mit Öl ein und wartet etwa zehn Minuten. Am sichersten wirkt ein Spraystoß mit einem insektiziden »Desinsektspray«. Die betäubte oder tote Zecke wird vorsichtig aus der Haut herausgedreht (im Gegensinn des Uhrzeigers).

Die Ohren sollten alle vier Wochen gereinigt werden. Mit Wattestäbchen kann man das Trommelfell zwar kaum verletzen, das Ohrschmalz aber in der Tiefe zusammenstopfen. Besser ist ein alkoholischer Ohrreiniger, der randvoll ins Ohr eingegossen und bei zugedrückter Ohrmuschel durchmassiert wird. Das gelöste Ohrschmalz kann der Hund dann selbst ausschütteln, vorzugsweise im Freien. Dunkle, übelriechende Beläge im Ohr zeigen eine Entzündung an. Meist wird der Hund dann auch am Ohr oder – scheinbar – am Halsband kratzen und den Kopf schütteln. Ursache des »Ohrenzwanges« können Ohrenmilben, Grasgrannen oder andere Fremdkörper sowie Bakterien und Pilze sein. Wenn zwei- bis dreimalige gründliche Reinigung mit dem Ohrreiniger keine Besserung bringen, ist eine gezielte Behandlung erforderlich.

Die Augen werden mit einem Stückchen Mullbinde oder einem Taschentuch vom »Schlaf« gereinigt. Fusseln von Watte oder Papiertaschentüchern reizen die Schleimhäute. Bindehautentzündungen können auch durch Zugluft, Staub oder starke Sonne verursacht werden. Besonders anfällig sind Hunde, deren Augenlider dem Augapfel nicht eng anliegen. Zur Linderung werden Augentropfen in den heruntergezogenen Bindehautsack geträufelt. Borwasser wird heute nicht mehr verwendet, weil feine Kristalle als Fremdkörper wirken können. Länger andauernder wäßriger, schleimiger oder eitriger Augenausfluß sollte nicht mit Hausmitteln kuriert werden. Es könnte eine Infektion vorliegen. Wucherungen auf der Rückseite der Nickhaut müssen meist operativ behandelt werden.

Die Zähne werden durch Hundekuchen oder Knochen ausreichend gereinigt. Auch die Tortur des Zähneputzens kann Zahnstein nicht verhindern. Zur Entfernung weicher Beläge eignet sich am ehesten ein Wattebausch, getränkt mit dreiprozentiger Wasserstoffsuperoxydlösung. Zahnstein ist ein fest anhaftender brauner Belag aus verhärteten Salzen. Fauliger Mundgeruch durch Zahnfleischentzündungen und -vereiterungen sowie Zahnausfall sind die Folgen. Zahnstein sollte frühzeitig fachkundig entfernt werden. Lose Zähne müssen gezogen werden. Da der Hund keine Beute jagen, festhalten oder zerreißen muß, kann er auf schmerzende Zähne gut verzichten. Nach Entfernung der Eiterherde wird er sich auch allgemein wohler fühlen, denn sie können den Körper vergiften und zum Beispiel chronische Herzklappenentzündungen auslösen. Auch Milchhakenzähne, die beim Zahnwechsel nicht ausfallen, müssen gezogen werden. Sie können zu Stellungsfehlern im bleibenden Gebiß führen.

Die Analbeutel sollen eigentlich bei jedem Kotabsatz eine individuelle Duftmarke zur Revierkennzeichnung hinterlassen. Infolge der Domestikation funktioniert die Entleerung häufig nicht richtig. Sekretstauungen sind die Folge. Den Juckreiz versucht der Hund vergeblich durch Rutschen auf dem After zu beseitigen. Dieses » Schlittenfahren« ist entgegen landläufiger Vermutung fast nie auf Wurmbefall zurückzuführen. Stark gefüllte Analbeutel müssen fachkundig ausgedrückt, vereiterte müssen tierärztlich behandelt werden.

Die Krallen werden bei normalem Auslauf ausreichend abgelaufen. Nur bei krankhaftem Hornwachstum, Stellungsfehlern oder ständig zu weicher Bahn müssen sie geschnitten werden. Dabei soll die in der Kralle verlaufende Ader nicht verletzt werden. »Wolfskrallen«, Überbleibsel der an sich verkümmerten fünften Zehe an den Hinterläufen, können bei Verletzungen stark bluten. Sie sollten vorsorglich amputiert werden. Das geschieht üblicherweise schon bei neugeborenen Welpen.

Erste Hilfe tut not

Hautverletzungen müssen genau inspiziert werden. Oberflächliche Abschürfungen, Schrunden und Einschnitte können mit Hausmitteln behandelt werden. Auf jeden Fall werden im Bereich der Verletzung die Haare mit einer gebogenen Schere kurz abgeschnitten. Sie verkleben sonst mit dem Wundsekret; Vereiterung ist die Folge. Die Wunde wird mit Wundgel, -spray oder -tinktur behandelt. Fetthaltige Salben behindern den heilungsfördernden Luftzutritt, Puder verkrustet.
Bei tieferen Wunden mit Durchtrennung der Haut sollte umgehend ein Tierarzt zugezogen werden. Bei Beißereien und Stacheldrahtverletzungen wird die Haut oft vom Körper losgerissen, so daß tiefe Taschen entstehen. Haare und Schmutz in der Tiefe der Wunden müssen so weit wie möglich entfernt werden. Von Fall zu Fall ist zu prüfen, ob eine »offene Wundbehandlung« oder eine Naht besser ist. Nur frische Wunden können mit Aussicht auf komplikationslose Heilung genäht werden.
Eine offene, aus der Tiefe nässende oder eiternde Wunde darf der Hund belecken. In allen anderen Fällen wird die Wundheilung behindert, weil die zarten Heilungszellen am Wundrand gestört werden. Das Belecken von Wunden und das Abreißen von Verbänden können durch einen Halskragen verhindert werden. Aus einem passenden Plastikeimer wird der Boden herausgeschnitten. Die Schnittkanten werden abgepolstert, an vier Stellen durchlöchert und mit Bindfäden versehen, die am Lederhalsband festgebunden werden.
Wundstarrkrampf ist beim Hund selten. Impfungen sind daher nicht üblich. Zur Vorbeuge sollen Wunden ausbluten und nicht luftdicht abgedeckt werden. Wenn größere Adern verletzt sind, kommt es zu andauernden, starken Blutungen. Häufig tritt Blut im Strahl aus. Dann muß zur ersten Hilfe ein Druckverband angelegt werden. An ungünstigen Körperstellen wie am Kopf kann auch von Hand eine Kompresse aufgedrückt werden. Gliedmaßen können abgebunden werden, die Abbindung muß aber viertelstündlich kurz gelöst werden. In solchen Fällen ist stets umgehend tierärztliche Hilfe erforderlich.

Satan v.d. Mais – ein prachtvoller Rüde.

Unfälle können auch zu inneren Verletzungen und Gehirnerschütterungen führen. Bei Bewußtseinstrübungen soll nie Flüssigkeit eingeflößt werden. Die Maulschleimhaut kann aber mit Kaffee, Tee oder auch einfach mit Wasser befeuchtet werden. Der Hund wird seitlich mit tiefliegendem Kopf und herausgezogener Zunge auf einer Decke gelagert, die, von zwei Personen an den Ecken stramm gezogen, auch als »Tragbahre« dient. Am Unfallort sind meistens die Diagnose und vor allem eine wirksame Schockbehandlung erschwert. Telefonisch sollte zur Vermeidung unnötiger Wege und Zeiten ein dienstbereiter Tierarzt verständigt und umgehend aufgesucht werden.

Lahmheiten können viele Ursachen haben. Als erstes wird die Pfote untersucht. Dornen oder Splitter werden ausgezogen. Verfilzte Haare drükken zwischen den Ballen wie ein Stein im Schuh; sie werden daher vorsichtig ausgeschnitten. Wunde Stellen werden wie Hautverletzungen behan-

delt. Im Winter müssen Streusalzreste von den Pfoten abgewaschen werden. Bei Krallenbettentzündungen können warme Kamillen- oder Seifenbäder Linderung bringen. Lose Krallenteile werden an der Bruchstelle beherzt abgeschnitten. In vielen Fällen ist ein Verband erforderlich. Er muß fachkundig angelegt werden, um Druckstellen zu vermeiden.
Bei Schwellungen, Prellungen und Verstauchungen kann das Fell des betroffenen Körperteils mehrmals täglich mit kaltem Wasser durchnäßt werden. Das wirkt wie ein Kühlverband, lindert den Schmerz und hemmt – frühzeitig angewendet – weitere Schwellungen. Wenn ein Bein überhaupt nicht belastet wird, besteht Verdacht auf Knochenbruch. Bei stark abnormer Beweglichkeit können die Gliedmaße durch eine Notschienung ruhiggestellt werden. Ein feuchtes Tuch, zwei ausreichend lange Stöcke und Binden oder Leukoplast genügen für's erste. Die benachbarten Gelenke müssen mit fixiert werden.
Andauernde, wiederkehrende oder sich verschlimmernde Bewegungsstörungen sind stets ein Fall für den Tierarzt. Wirbelsäulenerkrankungen mit gespanntem Gang oder Nachhandschwäche treten nicht nur bei Dackeln auf. Bei Junghunden können schmerzhafte Knochenauftreibungen oder Ablösungen des Ellenbogenhöckers zu Lahmheiten führen. Ältere Hunde leiden oft unter chronischen Gelenkentzündungen. Die Hüftgelenksdysplasie (HD) ist erblich veranlagt; eine Abflachung der Gelenkpfanne begünstigt Arthrosen und Verrenkungen. Relativ oft wird das Humpeln auf einem Hinterbein durch eine Ausrenkung der Kniescheibe bedingt, die operativ fixiert werden muß.
Vergiftungen sind meist »Unglücksfälle« und nur selten böse Absicht. Die besten Überlebenschancen bestehen, wenn man die Giftaufnahme beobachten oder rekonstruieren kann. Dann muß man versuchen, das Gift aus dem Magen wieder herauszubefördern, bevor es in den Körper übergehen kann. Der Tierarzt kann Erbrechen durch eine Injektion auslösen, der Laie durch Eingabe von zwei bis drei Teelöffeln Salz. Nach dem Erbrechen wird Wasser mit sechs bis zwölf Kohlekompretten eingeflößt, aber keine Milch, weil verschiedene Gifte fettlöslich sind. Packung, Beizettel und Erbrochenes werden mit zum Tierarzt genommen, um frühzeitig eine gezielte Behandlung zu gewährleisten. Giftig sind Rattengift – am häufigsten Cumarin, seltener Thallium, Zinkphosphid und Arsen –, Schädlingsbekämpfungsmittel wie E 605 oder Castrix Giftkörner, das

Schneckenbekämpfungsmittel Meta-Hart-Spiritus und Frostschutzmittel, ganz zu schweigen von Blausäure und Strychnin, die heute jedoch kaum noch erhältlich sind.
Plötzliches Erbrechen, Durchfall, Krämpfe und zunehmende Mattigkeit begründen einen Vergiftungsverdacht. Eine genaue Diagnose ist häufig aber erst durch die Spätschäden wie Blutungen oder Haarausfall möglich. Dann kann es für eine Rettung des Hundes bereits zu spät sein.
Durchfall ohne Fieber ist häufig durch einen Fastentag zu bessern. Der Hund erhält ausschließlich verdünnten Tee mit einer Prise Salz, aber ohne Zucker. Stattdessen ist Süßstoff zur Geschmacksverbesserung erlaubt. Keinesfalls darf Durchfall durch Wasserentzug »behandelt« werden; der Körper würde zu stark austrocknen. Kohlekompretten sind nie verkehrt, Mexaform und ähnliche Mittel sind für Hunde giftig! Am zweiten Tag erhält der Hund in kleinen Portionen ein Diätfutter, zum Beispiel Beefsteakhack, Schmelzflocken und rohen, geriebenen Apfel. Am dritten Tag muß der Durchfall deutlich gebessert sein.
Verstopfungen lassen sich durch rohe Leber oder Milz oder durch drei bis fünf Teelöffel zehnprozentiger Dosenmilch häufig bessern.
Erbrechen ist keine selbständige Krankheit. Einmaliges Erbrechen kann durch zu hastiges Fressen, zu kaltes Futter oder Aufnahme von Fremdkörpern ausgelöst werden. Gelegentliches Erbrechen ist beim Hund ohne große Bedeutung. Um zu erbrechen, frißt der Hund häufig Gras. Geschieht dies regelmäßig oder wird ständig das Futter erbrochen, muß ein Tierarzt zugezogen werden. Auch Durchfall und Erbrechen mit Fieber sind kein Fall für Hausmittel.

Alarmzeichen

Fieber ist eine Abwehrreaktion des Körpers, meist auf Infektionen. Die Hundenase kann auch beim kranken Hund feucht und kühl sein. Die Temperatur muß mit einem Fieberthermometer fünf Minuten im Mastdarm gemessen werden. Sie darf nicht über 39° C liegen. Untertemperaturen unter 37,5° C entstehen infolge einer Reduzierung der Stoffwechselvorgänge häufig vor dem Tod.
Erkältungen wie beim Menschen treten beim Hund selten auf. Sie sind kein Fall für die Hausapotheke. Würgender Husten, als ob ein Knochen

Ist das auch etwas zum Spielen?

im Hals säße, tritt bei Mandelentzündungen auf. Ernstere Infektionen wie Zwingerhusten oder gar Staupe können vorliegen. Pumpende Atmung entsteht durch eine Lungenentzündung, aber auch durch Wasseransammlungen in der Lunge, zum Beispiel infolge von Vergiftungen. Bei alten Hunden kann der damit verbundene Husten auch auf eine Herzschwäche zurückzuführen sein. Bauchpressen und Aufblasen der Backen sind Zeichen höchster Atemnot.

Schleimhäute im Auge und im Fang geben Hinweise auf innere Erkrankungen: Blässe deutet auf Blutarmut hin, Gelbfärbung auf Leberschäden mit Gelbsucht, Blutungen auf schwere Infektionen oder Vergiftungen, eine bläuliche Färbung tritt bei Herz- und Kreislaufschwäche auf.

Kot und Urin mit Blutbeimengungen lassen schwerwiegende krankhafte Veränderungen erkennen. Bei Blutungen im Magen und in den vorderen Darmabschnitten kann der Stuhl durch das verdaute Blut pechschwarz aussehen. Nierenerkrankungen können auch mit erhöhtem Durst ver-

bunden sein. Wenn Mattigkeit und Mundgeruch hinzukommen, ist meist bereits eine Harnvergiftung eingetreten. Harnsteine, Blasenriß oder Vergiftungen können dazu führen, daß überhaupt kein Urin abgesetzt wird; dann besteht höchste Gefahr. Geschwülste, Prostatavergrößerungen und Mastdarmveränderungen erschweren den Kotabsatz. Verhärtete Knochenteile können den Enddarm völlig verstopfen. Erbrechen und zunehmende Mattigkeit bei fehlendem Kotabsatz sprechen für einen Darmverschluß oder einen Fremdkörper im Darm.
Speicheln wird im harmlosesten Fall durch Fremdkörper in der Maulhöhle oder durch lose Zähne verursacht, bedenklicher wäre eine E 605-Vergiftung oder Pseudowut, schlimmstenfalls ist an Tollwut zu denken.
Umfangsvermehrungen des Bauches bei sonst normalem Ernährungszustand oder zunehmende Abmagerung können durch Tumoren oder Bauchhöhlenwasser hervorgerufen werden. Bei einer Gebärmuttervereiterung besteht gleichzeitig fast immer starker Durst, gelegentlich auch Scheidenausfluß. Eine plötzliche Aufblähung des Bauches mit Kolik und Kreislaufschwäche, bedingt durch eine Magendrehung, erfordert unverzügliche Operation.

Infektionen bedrohen die Gesundheit

Staupe und ansteckende Leberentzündung (Hepatitis) sind Viruskrankheiten, die für Junghunde besonders gefährlich sind, aber auch ältere Hunde befallen. Staupe beginnt mit einem häufig kaum merkbaren, kurzen Fieber, dem nach etwa acht Tagen eine schwere Lungenentzündung mit eitrigem Augen- und Nasenausfluß oder ein Durchfall folgt. Eine besondere Verlaufsform ist mit einer Verhärtung der Ballen verbunden. Nach scheinbarer Besserung treten nervöse Erscheinungen bis hin zu Krämpfen auf, die meistens zum Tod führen. Nach überstandener Staupe bleibt häufig ein nervöses Zucken der Kopfmuskeln, der »Staupetik«, nach Erkrankungen im Junghundalter das »Staupegebiß« mit erheblichen Zahnschmelzdefekten zurück.
Die ansteckende Leberentzündung verläuft ähnlich, mit hohem Fieber, Apathie und Appetitlosigkeit. Hornhauttrübungen können bleibende Folgeschäden sein.

Stuttgarter Hundeseuche (Leptospirose) wird durch Bakterien verursacht und von Hund zu Hund übertragen. Sie beginnt häufig mit einer Schwäche in den Hinterbeinen. Geschwüre in Maul, Magen und Darm sind mit aasartig-faulem Maulgeruch und blutigem Durchfall verbunden.
Tollwut tritt bei Hunden nur noch selten auf. Die Seuche wird vor allem durch Füchse übertragen. Hinweisschilder warnen in gefährdeten Gebieten vor Tollwut. Die Krankheit ist besonders tückisch: Die typischen Wuterscheinungen mit heiserem Gebell, Wasserscheue, Unruhe und unmotivierter Beißwut fehlen häufig. Die »stille Wut« ist im Anfangsstadium schwer zu erkennen. Ein erkranktes Tier stirbt immer.
Parvovirose ist bei uns erst in den letzten Jahren aufgetreten. Der Erreger ähnelt dem Katzenseuchevirus. Die Seuche wurde zunächst auf Ausstellungen verbreitet. Die Ansteckung erfolgt über die Ausscheidungen von Hund zu Hund. Bei Welpen tritt plötzlicher Herztod auf, ältere Hunde sterben nach unstillbarem blutigem Durchfall und Erbrechen.

Impfungen schützen vor diesen Infektionskrankheiten

Gegen Staube, Hepatitis und Leptospirose sowie gegen Tollwut gibt es Kombinationsimpfstoffe. Die Buchstaben S, H, L und T kennzeichnen die Wirksamkeit. Zur Grundimmunisierung der Welpen sind zwei Vierfachimpfungen etwa in der achten und zwölften Lebenswoche oder zwei SHL-Impfungen mit nachfolgender Tollwutimpfung erforderlich. Staupe und Hepatitis sind nicht mehr so verbreitet wie früher. Der Hund kommt möglicherweise jahrelang nicht mit dem Erreger in Berührung, so daß der Impfschutz nicht »natürlich« aufgefrischt wird. SH-Impfungen müssen daher alle zwei Jahre wiederholt werden. Der Käufer eines Hundes muß den Impfpaß genau prüfen: Ein »passiver« Serumschutz setzt zwar sofort ein, hält jedoch nur zwei bis drei Wochen. Eine »aktive« Schutzimpfung muß sich fristgerecht anschließen.
Gegen Leptospirose und Tollwut muß jährlich nachgeimpft werden. Ein sicherer Impfschutz des Hundes ist auch für den Menschen wichtig: Erkrankte Hunde können Leptospiren übertragen, die beim Menschen das »Canicola Fieber« oder die »Weil'sche Krankheit« hervorrufen. Hundetollwut ist wegen des engen Kontaktes für Menschen viel gefährlicher als Wildtollwut. Geimpfte Hunde übertragen keine Tollwut. Fristgerecht ge-

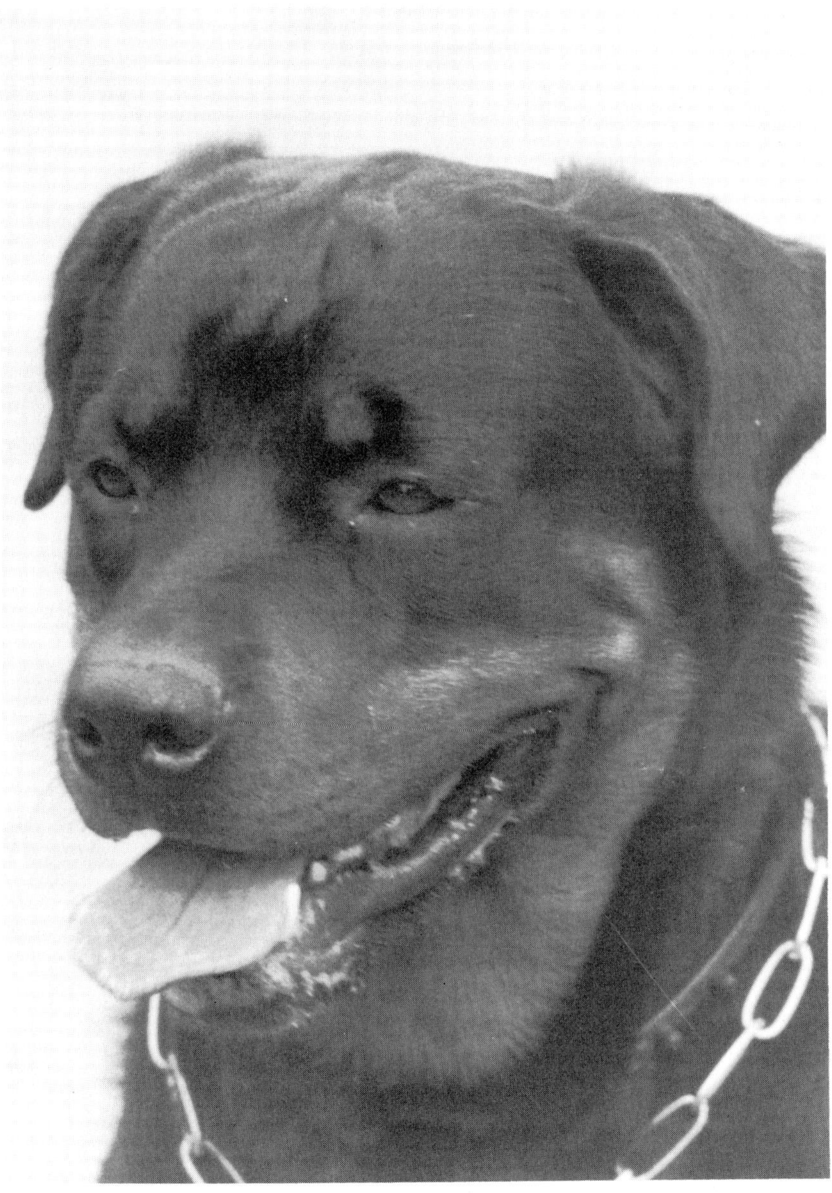

Markanter Rottweilerkopf.

impfte Hunde unterliegen nach einem Kontakt mit verdächtigem Wild auch weniger strengen tierseuchenrechtlichen Maßregeln und können auf Auslandsreisen mitgenommen werden.
Ein inzwischen zur Anwendung beim Hund zugelassener Katzenseucheimpfstoff erzeugt bei zweimaliger Impfung und jährlichen Auffrischungsimpfungen spezifische Abwehrkörper gegen Parvoviren. Man kennt zwar noch nicht alle krankheitsauslösenden Faktoren, darf jedoch annehmen, daß geimpfte Hunde ausreichend geschützt sind.

Gegen andere Infektionen schützt Vorsicht

Toxoplasmose wird durch einzellige Schmarotzer hervorgerufen. Ihr Stammwirt ist die Katze. Bei anderen Tieren werden ansteckungsfähige Dauerformen gebildet. Hunde erkranken überwiegend durch infiziertes Schweinefleisch. Für die Ansteckung des Menschen wurden sie früher zu Unrecht verantwortlich gemacht.
Aujeszky'sche Krankheit wird ebenfalls durch Schweinefleisch übertragen. Unstillbarer Juckreiz, Unruhe, Ängstlichkeit und Speichelfluß haben gewisse Ähnlichkeit mit Tollwut. Die Krankheit wird daher auch »Pseudowut« genannt. Durch Verfütterung von gekochtem Schweinefleisch oder Fertigfutter sind beide Infektionskrankheiten zu verhüten.
Zwingerhusten tritt vor allem in Tierheimen und Hundehandlungen auf. Unter begünstigenden Umständen lösen Viren und Bakterien gemeinsam Entzündungen von Luftröhre und Bronchien aus. Kennzeichnend ist ein kurzer, trockener Husten, Sekundärinfektionen können den Krankheitsverlauf verschlimmern. Einen gesunden Hund kauft man mit größerer Wahrscheinlichkeit beim »Züchter«. Während des Urlaubs sollte man seinen Hund nicht in unbekannte Heime oder Pensionen geben.

Wurmkuren gegen unerwünschte Kostgänger

Spulwürmer können bei Junghunden zu Verdauungs- und Entwicklungsstörungen, zu Vergiftungserscheinungen und sogar zum Tod führen. Fast alle Welpen werden im Mutterleib mit Spulwürmern infiziert. Die ersten Wurmkuren soll schon der Züchter durchführen. Junghunde werden vierteljährlich entwurmt. Ältere Hunde beherbergen nur noch einzelne Würmer. Sie richten zwar keinen großen Schaden an, sind aber

eine ständige Infektionsquelle. Einmal jährlich sollte daher vorsorglich ein Wurmmittel verabreicht werden. Bei festgestelltem Wurmbefall ist eine sofortige Entwurmung mit einer Wiederholungsbehandlung nach zwei bis drei Wochen erforderlich. Rohe Möhren garantieren keine Wurmfreiheit. Wirksame und verträgliche Mittel sind verschreibungspflichtig. Sie wirken auch gegen andere Rundwurmarten, zum Beispiel gegen Hakenwürmer.
Spulwürmer sind auf ihre Wirtstierarten spezialisiert; wenn der Mensch Hundespulwurmeier aufnimmt, schlüpfen zwar Larven und beginnen ihre Wanderung im Körper, sie bleiben jedoch in Organen oder Muskeln stecken und können dort schmerzhafte Entzündungen verursachen. Besonders gefährdet sind »Krabbelkinder«. Wurmkuren dienen daher auch dem Gesundheitsschutz der Familie. Auf Kinderspielplätzen haben Hunde nichts zu suchen.
Bandwürmer brauchen für ihre Entwicklung stets einen Zwischenwirt. Für den Hundebandwurm ist dies der Floh. Er nimmt die Wurmeier auf, aus denen sich eine Finne entwickelt. Der Hund »knackt« den Floh – die Finne wächst im Hundedarm zum fertigen Bandwurm aus. Mit dem Kot erscheinen nach geraumer Zeit einzelne kürbiskernförmige, anfangs noch bewegliche Bandwurmglieder oder ein längeres, deutlich gegliedertes Wurmende. Die meisten Spulwurmmittel sind gegen Bandwürmer unwirksam. Heute gibt es aber gut verträgliche und sicher wirkende Bandwurmmittel, Zur Bandwurmkur gehört stets eine Flohbehandlung von Hund und Lager.
Besonders bei Jagdhunden kann auch der »gesägte Bandwurm« auftreten, dessen Zwischenwirte Hasen und Kaninchen sind. Andere Bandwurmarten, die durch Fisch oder Wild, Rinder- und Schafeingeweide übertragen werden, kommen seltener vor. Dazu zählt der »dreigliedrige Bandwurm«, der als einziger auch dem Menschen gefährlich werden kann. Der Hund sollte zur Vorbeuge keine rohen »Konfiskat«-Innereien erhalten und daran gehindert werden, Kadaver von Wildtieren aufzufressen.

Gefahren für die menschliche Gesundheit?

Impfungen und Wurmkuren schränken Ansteckungsgefahren ein. Hygiene tut ein Übriges: Selbstverständlich hat der Hund sein eigenes Lager und Futtergeschirr; beides ist peinlich sauber. Rasen und Wege werden von Hundekot freigehalten. Der Hund wird so erzogen, daß er das Gesicht nicht ableckt. Das Belecken der Hände ist Ausdruck seiner Zuneigung. Man darf sie dulden, denn man kann sich die Hände anschließend waschen. Vorsichtige können Lager, Hütte und andere hygienegefährdete Stellen und Gegenstände regelmäßig desinfizieren. Die Mittel sollen gegen Viren, Bakterien und Pilze wirken. Zur Schnelldesinfektion eignet sich ein »Desinsektspray«, der auch Ektoparasiten abtötet. Besonders angezeigt sind solche Maßnahmen, wenn der Hund eiternde Wunden, Ekzeme, Furunkel oder eine Vorhaut-, Zahnfleisch- oder Mandelentzündung hat. Diese Infektionen sind konsequent zu behandeln. Eitererreger können auch beim Menschen Komplikationen verursachen. Vorsicht ist stets bei schlechtheilenden oder sich ausbreitenden Ekzemen geboten: Räudemilben sind zwar auf Tierarten »spezialisiert«, können jedoch auch beim Menschen juckende Hautrötungen verursachen. Hautpilzinfektionen sind auf Menschen übertragbar. Daher sollte man umgehend eine Spezialuntersuchung und Behandlung veranlassen. Pilzinfektionen entstehen nur, wenn sich die Erreger länger als 12 bis 24 Stunden auf der menschlichen Haut einnisten können. Gründliches Waschen bannt die Gefahr. Zusätzliche Sicherheit bietet ein Handdesinfektionsmittel, das nach Berührung verdächtiger Stellen oder Ausscheidungen in die Hände eingerieben wird.

Allergien sind auch durch größere Sauberkeit nicht immer zu vermeiden. Einige Menschen reagieren bei Kontakt mit Tierhaaren und -hautteilen mit Auschlägen oder Atembeschwerden. Katzen, Meerschweinchen und Vögel sind viel öfter als Hunde die Auslöser; viele andere pflanzliche und tierische Stoffe kommen hinzu. Die Allgergieursache kann von einem Hautarzt durch Spezialtests auf der Haut ermittelt werden. Auf Verdacht braucht also kein Hund abgeschafft zu werden. Und vor der Anschaffung eines Rottweilers brauchen auch gesundheitsbewußte Hundefreunde nicht zurückzuschrecken.

Wichtige Anschriften

Allgemeiner Deutscher Rottweiler-Klub (ADRK) e. V.
Rintelnerstr. 385
D-4952 Porta Westfalica 4

Verband für das Deutsche Hundewesen e. V.
Hoher Wall 20
D-4600 Dortmund 1

Österreichischer Kynologenverband
Loidoldgasse 1/9
A-1080 Wien

Österreichischer Rottweiler-Klub
Preßgasse 7/18
A-1040 Wien

Schweizer Rottweilerhunde-Club (SRC)
Bergstraße 1
CH-5610 Wohlen

Literaturverzeichnis

Allgemeiner Deutscher Rottweiler Klub (ADRK) e.V.	Auszug aus den Zuchtbestimmungen
Dr. Friedrich K. Dorn	Hund und Umwelt Deutscher Bauernverlag Berlin
Dr. H. G. Niemand	Hundehaltung aber wie? Oertel & Spörer, Reutlingen
Dr. H. Räber	Brevier neuzeitlicher Hundezucht Paul Haupt, Bern
M. Schänzle	Studien zur Zuchtgeschichte des Rottweiler Hundes, 1967 Inaugural Dissertation, Institut für Tierzucht, Vererbungs- und Konstitutionsforschung der Ludwig-Maximilians-Universität zu München
E. Trummler	Mit dem Hund auf du R. Piper & Co Verlag, München

Bildnachweis

Titelbild:	Johann Samson, A-1120 Wien
Seiten 9, 27, 30, 38, 42, 43, 50, 56, 62, 74, 83, 89	Horst Brümmer, A-2320 Schwechat
Seiten 49, 79	Johann Dachauer, A-2523 Tattendorf
Seiten 11, 13, 15	Wilhelm Faussner jr., 8000 München
Seiten 25, 35, 45, 48, 65	Sonja und Günter Feldmann, Mjondalen (Norwegen)
Seite 22	K. Pot, NL-9631 Borgercompagnie
Seiten 40, 47, 52, 53, 61, 68, 86	Friedgard Ringer, A-2462 Kaisersteinbruch
Seiten 18, 19	Franz Vogt, A-1180 Wien
Seiten 16, 23, 33, 67, 71	Monika und Rainer Zielbauer, 8501 Rückersdorf